I0082034

大學

LE TÁ HIO,

ou

LA GRANDE ÉTUDE,

OUVRAGE DE

KHOUNG-FOU-TSEU [CONFUCIUS]

ET DE SON DISCIPLE THSÊNG-TSEU;

TRADUIT EN FRANÇOIS AVEC UNE VERSION LATINE
ET LE TEXTE CHINOIS EN REGARD, ETC.;

PAR G. PAUTHIER.

PARIS,

IMPRIMÉ PAR FIRMIN DIDOT FRÈRES,
IMPRIMEURS DE L'INSTITUT DE FRANCE,
AVEC LES TYPES CHINOIS MOBILES SUR POINÇONS D'ACIER
GRAVÉS ET FONDUS PAR MARCELLIN-LEGRAND,
GRAVEUR DE L'IMPRIMERIE ROYALE.

M DCCC XXXVII.
Cura et Sumptibus Interpretis.

大學弗郎西國王刻京成活反雋行

鋼新刻漢字四書愛鐵西儒西譯著

四

書

LES SSE CHOU,

ou

LES QUATRE LIVRES DE PHILOSOPHIE

MORALE ET POLITIQUE

DE LA CHINE.

I

Chez FIRMIN DIDOT FRÈRES, libraires, rue Jacob, n° 56 ;
—— BENJAMIN DUPRAT, libraire, rue du Cloître Saint-Benoît, n° 7;
—— Vᵉ DONDEY-DUPRÉ, librairie orientale, rue Vivienne, n° 2;
—— VICTOR MASSON, libraire, rue de l'École de Médecine, n° 4.

On peut se procurer aux mêmes adresses les ouvrages suivants du traducteur, relatifs à la philosophie orientale :

Essais sur la philosophie des Hindous, par Colebrooke; traduits de l'anglois, et augmentés de textes sanskrits et de notes nombreuses; deux livraisons réunies en un volume in-8°.

Mémoire sur l'origine et la propagation de la doctrine du Tao, fondée en Chine par LAO-TSEU, traduit du chinois, etc., suivi de deux Oupanichads des Védas, avec les textes sanskrit et persan; in-8°.

Le *Tao-te-King,* ou le *Livre de la Raison suprême et de la Vertu,* par LAO-TSEU, traduit en français, et publié pour la première fois en Europe, avec une version latine et le texte chinois en regard; accompagné du Commentaire complet de SIE-HOEÏ, d'origine occidentale, etc.; in-8°; paraissant par livraisons.

TYPOGRAPHIE DE FIRMIN DIDOT FRÈRES,
RUE JACOB, N° 56.

大學

LE TÁ HIO,

OU

LA GRANDE ÉTUDE,

LE PREMIER DES QUATRE LIVRES DE PHILOSOPHIE
MORALE ET POLITIQUE DE LA CHINE;

OUVRAGE DE

KHOUNG-FOU-TSEU [CONFUCIUS]

ET DE SON DISCIPLE THSÊNG-TSEU;

TRADUIT EN FRANÇOIS AVEC UNE VERSION LATINE ET LE TEXTE CHI-
NOIS EN REGARD; ACCOMPAGNÉ DU COMMENTAIRE COMPLET DE
TCHÔU-HÎ, ET DE NOTES TIRÉES DE DIVERS AUTRES COMMENTA-
TEURS CHINOIS;

PAR G. PAUTHIER.

———————o———————

PARIS,

IMPRIMÉ PAR FIRMIN DIDOT FRÈRES, IMPRIMEURS DE L'INSTITUT DE FRANCE,
AVEC LES TYPES CHINOIS MOBILES, GRAVÉS SUR POINÇONS D'ACIER ET FONDUS
PAR MARCELLIN-LEGRAND, GRAVEUR DE L'IMPRIMERIE ROYALE.

M DCCC XXXVII.
Cura et Sumptibus Interpretis.

不得異人，當得畢書。

Defectu viri eminentis, consule libros optimos.

AVERTISSEMENT

DU TRADUCTEUR.

Toute grande puissance qui apparoît sur la terre y laisse des traces plus ou moins durables de son passage. Des pyramides, des arcs de triomphe, des colonnes, des temples, des cathédrales, en portent témoignage à la postérité; mais les monuments les plus durables, ceux qui exercent la plus puissante influence sur les destinées des nations, ce sont les grandes œuvres de l'intelligence humaine que les siècles produisent de loin en loin, et qui, météores extraordinaires, apparoissent comme des révélations, à des points déterminés du temps et de l'espace, pour guider les nations dans les voies providentielles que le genre humain doit parcourir.

C'est un de ces monuments dont nous commençons aujourd'hui la publication, en l'accompagnant de tout ce qui peut concourir à en faciliter l'intelligence. Pour justifier cette entreprise difficile que nous avons commencée et poursuivie de nos propres forces, malgré les découragements profonds et les dégoûts que nous avons eus à essuyer, mais que le sentiment d'une œuvre utile à accomplir nous a fait surmonter, nous renvoyons à ce que nous disions il y a quelques années dans notre *Prospectus*.

Notre première pensée avoit été de faire précéder cet ouvrage d'une Introduction générale dans laquelle nous aurions tâché d'exposer l'état des sciences morales et politiques en Chine à l'époque où apparut le grand philosophe KHOUNG-TSEU, qui les réunit toutes dans sa personne, et les éleva à leur plus haute puissance; l'influence immense que ce philosophe a exercée sur le développement moral et politique de la civilisation chinoise depuis le cinquième siècle avant notre ère jusqu'à nos jours; mais nous avons réservé ce sujet pour une autre publication. Nous avons préféré donner d'abord les monuments mêmes qui en forment la base, et c'est dans ce but que nous publions aussi simultanément le *Livre de la Raison suprême et de la Vertu* de LAO-TSEU*, comme ayant exercé de même une influence, sinon égale, du moins très-puissante sur le développement moral de la nation chinoise.

Le *Tá hio* ou la *Grande Étude*, ainsi que les trois autres livres classiques de la Chine, qui forment ensemble ce que l'on nomme les *Quatre Livres*, 四書 *Sse chou*, ont déjà été traduits plusieurs fois dans les langues européennes; la plupart de ces traductions ne sont que des paraphrases plus ou moins fidèles dans lesquelles on a fait entrer de temps en temps des explications empruntées à certains Commentateurs. Nous ne nous sommes servis pour notre travail d'aucune de ces traductions, si ce

---

* Le 道德經 *Tao-te-King* de 老子 LAO-TSEU, qui vivoit dans le sixième siècle avant notre ère, à peu près à la même époque que Pythagore.

n'est de la paraphrase latine des PP. Jésuites, insé-
rée dans le *Confucius Sinarum philosophus* *; encore
cette paraphrase verbeuse nous a-t-elle été très-peu
utile, ayant pris pour principe de n'adopter aucun
sens du texte original sans y avoir été autorisé par
le Commentaire du célèbre Tchôu-hī, qui n'avoit
jamais été traduit dans aucune langue européenne,
et que nous nous sommes imposé l'obligation de
donner en entier, ou par d'autres Commentateurs
chinois que nous citons toujours à l'appui **. Voici
les titres des éditions que nous avons consultées :

1° 十三經 *Chi-san-King* (61° chap. du *Li-ki*, édition de 1637);

2° 四書集成 *Sse chou tsi tching* (édition de 1662);

3° 四書集註大全 *Sse chou tsi tchou ta thsiouan* (éd. de 1680);

4° 四書述朱講義 *Sse chou chou tchou kiang i* (éd. de 1688);

5° 四書講意備旨 *Sse chou kiang i pi tchi* (éd. de 1689);

6° 日講四書解義 *Ji kiang sse chou kiaï i* (éd. de 1722;

7° 四書監本 *Sse chou kian pen* (éd. de 1814);

8° 四書合講 *Sse chou ho kiang* (éd. de 1834).

---

* Paris, 1687, 1 vol. in-folio.

** C'est, selon nous, la meilleure méthode d'interprétation des écrits philo-
sophiques de l'antiquité orientale. Il y a plus de six ans que nous l'avions déjà
appliquée à la traduction du *Tao-te-King* de Lao-tseu, et que nous avions aussi
commencé de l'appliquer à la traduction d'un ouvrage philosophique sanskrit,
comme M. H. Wilson vient de le faire avec tant de savoir pour la *Sânkhya-
kârikâ*. La traduction mandchoue des *Sse-chou*, que nous avions essayé de con-
sulter, ne nous a été d'aucun secours pour notre traduction. Le seul moyen
de pénétrer le sens intime des monuments philosophiques et religieux de
l'antiquité, est l'étude comparative et approfondie de la civilisation au sein de
laquelle ils ont été produits et de leurs divers Commentateurs. C'est celui que
nous avons préféré.

La vie de Khoung-tseu ayant été de notre part l'objet d'un travail étendu[*], nous n'avons pas cru devoir l'esquisser ici. Il nous suffira de dire que ce philosophe naquit 551 ans avant notre ère, que toute sa noble vie fut un long apostolat en faveur du peuple, seule puissance légitime qui puisse assurer l'immortalité à ses défenseurs; et que, ne s'étant jamais donné que comme l'organe et le représentant de la raison humaine, il a reçu et il continue à recevoir depuis plus de deux mille ans, et par plus de trois cent millions d'âmes, des honneurs presque divins.

Nous remercions publiquement ici M. Marcellin-Legrand, qui, avec l'intelligence et le dévouement d'un véritable artiste, a gravé, sous notre direction, tous les caractères chinois qui entrent dans cet ouvrage, ainsi que dans le *Tao-te-King* de Lao-tseu, de nous avoir prêté son concours pour ces publications. Grâce à lui, l'Europe savante aura désormais à sa disposition les plus beaux types chinois mobiles que l'on ait jamais gravés, quoiqu'ils le soient d'après le système de séparation des radicaux et des groupes phonétiques que nous avons adoptés pour en réduire le nombre autant que possible.

Paris, le 30 octobre 1837.

---

[*] Dans notre *Résumé de l'histoire et de la civilisation chinoises, depuis les temps les plus reculés jusqu'à nos jours*, page 120 et suiv., auquel livre nous renvoyons également pour les autres éclaircissements historiques désirables.

大
學

MAGNUM STUDIUM.

LA GRANDE ÉTUDE.

序句章學大

PRÉFACE DU COMMENTAIRE
SUR LE TÁ HIO,

PAR

LE DOCTEUR TCHOÚ-HÎ.

Le Livre de la *Grande Étude* comprend la *Grande Étude* qui, dans l'antiquité, constituoit la règle de l'enseignement que l'on donnoit aux hommes ; or, les hommes, tirant du ciel leur origine, il en résulte qu'il n'en est aucun qui n'ait été doué par lui des sentiments de charité ou d'humanité, de justice, de convenance et de sagesse. Cependant, quoique tous les hommes possèdent certaines dispositions naturelles et constitutives qu'ils ont reçues en naissant, il en est quelques-uns qui n'ont pas le pouvoir ou la faculté de les cultiver et de les bien diriger. C'est pourquoi ils ne peuvent pas tous avoir en eux les moyens de connoître les dispositions existantes de leur propre nature, et ceux de leur donner leur complet développement. Il en est qui, possédant une grande perspicacité, une intelligence pénétrante, une connoissance intuitive, une sagesse profonde, peuvent développer toutes les facultés de leur nature, et ils se distinguent au milieu de la foule qui les environne ;

I.

alors le ciel leur a certainement donné le mandat d'être les chefs et les instituteurs des générations infinies; il les a chargés de la mission de les gouverner et de les instruire, afin de les faire retourner à la pureté primitive de leur nature.

Voilà comment [les anciens empereurs] FOU-HI, CHIN-NOUNG, HOANG-TI, YAO et CHUN occupèrent successivement les plus hautes dignités que confère le ciel; comment les ministres d'État furent attentifs à suivre et à propager leurs instructions, et d'où les magistrats qui président aux lois civiles et à la musique dérivèrent leurs enseignements.

Après l'extinction des trois premières dynasties, les institutions qu'elles avoient fondées s'étendirent graduellement. Ainsi, il arriva par la suite que dans les palais des rois, comme dans les grandes villes et même jusque dans les plus petits villages, il n'y avoit aucun lieu où l'on ne se livrât à l'étude. Dès que les jeunes gens avoient atteint l'âge de huit ans, qu'ils fussent les fils des rois, des princes, ou de la foule du peuple, ils entroient tous à la *Petite École* [1], et là on leur enseignoit à arroser, à balayer, à répondre promptement et avec soumission à ceux qui les appeloient où les interrogeoient; à entrer et à sortir selon les règles de la bienséance; à recevoir les hôtes avec politesse, et à les reconduire de même. On leur enseignoit aussi les usages du monde et des cérémonies; la musique, l'art de lancer des flèches, de diriger des chars, ainsi que celui d'écrire et de compter.

[1] 小 學 *Siaò hio.*

Lorsqu'ils avoient atteint l'âge de quinze ans, alors depuis l'héritier présomptif de la dignité impériale et tous les autres fils de l'empereur, jusqu'aux fils des princes, des premiers ministres, des gouverneurs de provinces, des lettrés ou docteurs de l'empire promus à des dignités, ainsi que tous ceux d'entre les enfants du peuple qui brilloient par des talents supérieurs, entroient à la *Grande École*[1], et on leur enseignoit les moyens de pénétrer et d'approfondir les principes des choses, de rectifier les mouvements de leur cœur, de se corriger, de se perfectionner eux-mêmes, et de gouverner les hommes. Voilà comment les doctrines que l'on enseignoit dans les Colléges étoient divisées en *grandes* et *petites*. Par cette division et cette composition des études, leur propagation s'étendit au loin, et le mode d'enseigner se maintint dans les limites précises de cet ordre de subordination; c'est ce qui en fit un véritable enseignement. En outre, toute la base de cette institution résidoit dans la personne du prince, qui en pratiquoit tous les devoirs. On ne demandoit aucun salaire aux enfants du peuple, et on n'exigeoit rien d'eux que ce dont ils avoient besoin pour vivre journellement. C'est pourquoi, dans ces âges passés, il n'y avoit aucun homme qui ne se livrât à l'étude. Ceux qui étudioient ainsi se gardoient bien de ne pas s'appliquer à connoître les dispositions naturelles que chacun d'eux possédoit réellement, la conduite qu'il devoit suivre dans les fonctions qu'il avoit à remplir, et chacun d'eux faisoit ainsi tous ses efforts, épuisoit toutes ses

[1] 大學 *Tá hio*.

facültés, pour atteindre à sa véritable destination. Voilà
comment il est arrivé que, dans les temps florissants de
la haute antiquité, le gouvernement a été si glorieux
dans ceux qui occupoient les emplois élevés, les mœurs
si belles, si pures, dans les inférieurs, et pourquoi il a
été impossible aux siècles qui leur ont succédé d'atteindre à ce haut degré de perfection.

Sur le déclin de la dynastie des Tchéou, lorsqu'il ne
paraissoit plus de souverains doués de sainteté et de
vertu, les règlements des grandes et petites Écoles
n'étoient plus observés; les saines doctrines étoient dé-
daignées et foulées aux pieds; les mœurs publiques tom-
boient en dissolution. Ce fut à cette époque de dépra-
vation générale qu'apparut avec éclat la sainteté de
Khoūng-tseu; mais il ne put alors obtenir des princes
qu'ils le plaçassent dans les fonctions élevées de ministre
ou instituteur des hommes, pour leur faire observer ses
règlements et pratiquer sa doctrine. Dans ces circons-
tances, il recueillit dans la solitude les lois et institutions des anciens rois, les étudia soigneusement et les
transmit [à ses disciples] pour éclairer les siècles à venir.
Les chapitres intitulés *Khio-li, Chao-i, Neï-tse* [1], concernent les devoirs des élèves, et appartiennent véritablement à la *Petite Étude*, dont ils sont comme des
ruisseaux détachés ou des appendices; mais, parce que
les instructions concernant la *Petite Étude* [ou l'*Étude*
propre aux enfants] avoient été complétement développées dans les ouvrages ci-dessus, le Livre qui nous
occupe a été destiné à exposer et rendre manifestes à

---

[1] Chapitres du 禮 記 *Li-ki*, ou *Livre des Rites*.

tous, les lois claires, évidentes, de la *Grande Étude* [ou
l'*Étude* propre aux esprits mûrs]. En dehors du livre,
et comme frontispice, sont posés les grands principes
qui doivent servir de base à ses enseignements, et dans
le livre, ces mêmes principes sont expliqués et développés en paragraphes séparés. Mais, quoique dans une
multitude de trois mille disciples, il n'y en ait eu aucun
qui n'eût souvent entendu les enseignements du maître,
cependant, le contenu de ce livre fut transmis à la postérité par les seuls disciples de Thsêng-tseu, qui en
avait reçu lui-même les maximes de son maître Khoûng-
tseu, et qui, dans une Exposition concise, en avoit
expliqué et développé le sens.

Après la mort de Mêng-tseu, il ne se trouva plus
personne pour enseigner et propager cette doctrine des
anciens; alors, quoique le livre qui la contenoit conti-
nuât d'exister, ceux qui la comprenoient étoient fort rares.
Ensuite il est arrivé de là que les lettrés dégénérés,
s'étant habitués à écrire des narrations, à compiler, à
faire des discours élégants, leurs œuvres concernant la
Petite Étude furent au moins doubles de celles de leurs
prédécesseurs; mais leurs préceptes différents furent
d'un usage complétement nul.

Les doctrines du *Vide* et de la *Non-entité*[1], du *Repos
absolu* et de l'*Extinction finale*[2], vinrent ensuite se
placer bien au-dessus de celle de la *Grande Étude*; mais
elles manquoient de base véritable et solide. Leur autorité, leurs prétentions, leurs artifices ténébreux, leurs
fourberies, en un mot, les discours de ceux qui les prê-

---

[1] Celle des *Tao-sse*, qui a Lao-tseu pour fondateur. Voy. les *Notes*.
[2] Celle des *Bouddhistes*, qui a Fo ou Bouddha pour fondateur.

choient pour s'attirer une renommée glorieuse et un vain
nom, se sont répandus abondamment parmi les hommes;
de sorte que l'erreur, en envahissant le siècle, a abusé
les peuples, et a fermé toute voie à la charité et à la
justice. Bien plus, le trouble et la confusion de toutes
les notions morales sont sortis de leur sein; au point
que les sages mêmes ne pouvoient être assez heureux
pour obtenir d'entendre et d'apprendre les devoirs les
plus importants de la grande doctrine, et que les hommes du commun ne pouvoient également être assez
heureux pour obtenir dans leur ignorance d'être éclairés
sur les principes d'une bonne administration; tant les
ténèbres de l'ignorance s'étoient épaissies et avoient
obscurci les esprits! Cette maladie s'était tellement aug-
mentée, dans la succession des années; elle étoit deve-
nue tellement invétérée, qu'à la fin de l'époque des cinq
dynasties [vers 950 de notre ère] le désordre et la confusion étoient au comble.

Mais il n'arrive rien sur cette terre que le ciel ne
ramène de nouveau dans le cercle de ses révolutions; la
dynastie des Soung s'éleva, et la vertu fut bientôt floris-
sante; les principes du bon gouvernement et l'éducation
reprirent leur éclat. A cette époque apparurent dans la
province du Ho-nan deux docteurs de la famille Tching,
lesquels, dans le dessein de transmettre à la postérité
les écrits de Mêng-tseu et de ses disciples, les réunirent
et en formèrent un corps d'ouvrage. Ils commencèrent
d'abord par manifester une grande vénération pour ce
livre [le *Tá hio* ou la *Grande Étude*], et ils le remirent
en lumière, afin qu'il frappât les yeux de tous. A cet
effet, ils le retirèrent du rang secondaire où il était

placé [1], en mirent en ordre les matériaux, et lui rendirent
ses beautés primitives. Ensuite la doctrine qui avoit été
anciennement exposée dans le livre de la *Grande Étude*,
pour instruire les hommes; le véritable sens du saint
texte original [de KHOÛNG-TSEU] et de l'Explication de
son sage disciple, furent de nouveau examinés et rendus
au siècle, dans toute leur splendeur. Quoique moi Hî,
je ne sois ni habile, ni pénétrant, j'ai été assez heureux
cependant pour retirer quelque fruit de mes propres
études sur ce Livre, et pour entendre la doctrine qui y
est contenue. J'avois vu qu'il existoit encore dans le
travail des deux docteurs TCHING des choses incorrectes,
inégales, d'autres qui en avoient été détachées ou per-
dues; c'est pourquoi, oubliant mon ignorance et ma
profonde obscurité, je l'ai corrigé et mis en ordre autant
que je l'ai pu, en remplissant les lacunes qui y existoient,
et en y joignant des notes pour faire saisir le sens et la
liaison des idées [2]; enfin, en suppléant ce que les premiers éditeurs et commentateurs avoient omis ou seulement indiqué d'une manière trop concise; en attendant
que, dans la suite des temps, il vienne un sage capable
d'accomplir la tâche que je n'ai fait qu'effleurer. Je sais
parfaitement que celui qui entreprend plus qu'il ne lui
convient, n'est pas exempt d'encourir pour sa faute le
blâme de la postérité. Cependant, en ce qui concerne le

---

[1] Il formoit un des chapitres du *Li-ki*.

[2] Il ne faudroit pas croire que cet habile commentateur ait fait des chan-
gements au texte ancien du Livre; il n'a fait que transposer quelquefois des
chapitres de l'Explication, et suppléer par des notes aux lacunes des mots ou
des idées; mais il a eu toujours soin d'en avertir dans le cours de l'ouvrage,
et ses additions explicatives sont imprimées en plus petits caractères ou en
lignes plus courtes que celles du texte primitif.

gouvernement des États, la conversion des peuples, l'amélioration des mœurs, celui qui étudiera mon travail sur le mode et les moyens de se corriger ou se perfectionner soi-même et de gouverner les hommes, dira assurément qu'il ne lui aura pas été d'un faible secours.

Du règne nommé CHUN-HI, année *Ki-yeou* [1191 de notre ère], second mois lunaire *Kia-tseu,* dans la ville de *Sin-ngan,* ou de la *Paix nouvelle* [vulgairement nommée *Hoeï-tchéou*] : Préface de TCHOŪ-HĪ.

AVERTISSEMENT

DU DOCTEUR TCHING-TSEU.

LE docteur TCHING-TSEU a dit : Le *Tá-hio* [ou la *Grande Étude*] est un Livre laissé par KHOŪNG-TSEU et son disciple [THSĒNG-TSEU], afin que ceux qui commencent à étudier les sciences morales et politiques s'en servent comme d'une porte pour entrer dans le sentier de la sagesse. On peut voir maintenant que les hommes de l'antiquité, qui faisoient leurs études dans un ordre méthodique, s'appuyoient uniquement sur le contenu de ce Livre; et ceux qui veulent étudier le *Lŭn-yŭ* et le MĒNG-TSEU, doivent commencer leurs études par le *Tá-hio;* alors ils ne courent pas le risque de s'égarer.

LE TÁ HIO,

ou

LA GRANDE ÉTUDE.

ARGUMENT PHILOSOPHIQUE.

Pour bien comprendre un ouvrage philosophique, surtout un ouvrage écrit dans une langue ancienne, avec des formes d'expressions et d'idées qui nous sont étrangères, il faut chercher à se rendre compte de l'intention de l'écrivain, de son but et de sa méthode, si la nature de l'ouvrage permet de la découvrir. Ce travail de l'intelligence qui va saisir sous l'enveloppe d'une phraséologie poétique ou pittoresque la génération des idées, les rapports directs ou indirects qui les unissent, et qui s'appuie sur les deux grandes facultés de l'esprit : l'*analyse* et la *synthèse*, est un produit plus avancé de cette même intelligence que la simple perception passive des choses et des faits, laquelle n'est jamais que le sentiment, et non la conviction personnelle de la vérité.

C'est pour cette raison que nous avons essayé de faire précéder les écrits des philosophes chinois que nous offrons au public, d'arguments philosophiques destinés à en faire saisir l'*ensemble*, la *méthode*, la *nature* et le *but*.

Le *Ta' hio* se compose d'un *texte* attribué à KHOÙNG-

TSEU (CONFUCIUS, nom latinisé de KHOŬNG-FÓU-TSEU, plus ordinairement KHOŬNG-TSEU) par tous les écrivains chinois; et d'une exposition ou explication qu'en a faite son disciple THSÊNG-TSEU.

Le texte proprement dit est fort court; il est nommé *King*, ou *Livre par excellence*, comme les autres livres les plus révérés des Chinois. Mais tel qu'il est, cependant, c'est peut-être, sous le rapport de l'art de raisonner, le plus précieux de tous les écrits de l'ancien philosophe chinois, parce qu'il offre au plus haut degré l'emploi d'une méthode logique qui décèle dans celui qui en fait usage, sinon la connaissance des procédés syllogistiques les plus profonds, enseignés et mis en usage par les philosophes indiens et grecs, au moins le progrès d'une philosophie qui n'est plus bornée à l'expression aphoristique des idées morales, mais qui est déjà passée à l'état scientifique. L'art est ici trop évident pour que l'on puisse attribuer l'ordre et l'enchaînement logique des propositions à la méthode naturelle d'un esprit droit, qui n'auroit pas encore eu conscience d'elle-même. On peut donc établir que l'argument nommé *Sorite* était connu en Chine environ deux siècles avant Aristote, quoique les lois n'en aient peut-être jamais été formulées dans cette contrée par des traités spéciaux.

[§ 1.] Le philosophe chinois commence par établir que dès que l'esprit de l'homme a acquis assez de maturité, il doit se livrer à l'étude des devoirs qui lui sont imposés dans les différentes conditions de la vie. Ces devoirs, dans leur plus haute généralité, se réduisent à trois : 1° donner le plus grand développement possible au *principe lumineux de la raison* qui est en nous, et qui reste à l'état de germe, ou obscurci par les passions; si nous ne le cultivons pas sans cesse, si nous ne lui rendons sa *clarté primitive*, cet *éclat pur* et *sans mélange* dont il brilloit dans l'origine

comme la *lumière céleste* dont il est émané; 2° renouveler
le peuple, c'est-à-dire l'éclairer, l'instruire, lui faire part
des vérités morales que la culture que nous avons pu faire
de notre intelligence nous a fait connaître, et que sa
condition de peine et de misère ne lui permet pas de chercher à découvrir par lui-même; le civiliser, le rendre
moral enfin; 3° placer sa destination définitive dans le souverain bien, c'est-à-dire dans la perfection à laquelle il est
donné à l'homme d'atteindre, dans les différentes conditions de la vie.

Voilà les trois grands principes de la *Philosophie pratique*, ou de la *Science des devoirs* posés par KHOÛNG-TSEU.
Ils résument admirablement, dans son acception la plus
haute et la plus sainte, toute la science morale que KANT
a définie : « *Le Système des fins de la raison pratique pure.* »
Le philosophe chinois prend aussi pour base de son système la *raison pure*; cette raison que nous sommes dans
l'obligation de cultiver et de développer pour atteindre à
nos *fins*, à nos différentes *destinations*.

[§ 2.] L'établissement des trois premières propositions
du texte chinois peut appartenir à toute morale dogmatique;
mais le développement que le philosophe leur donne ne
peut appartenir qu'à la morale scientifique, d'une concep-
tion plus élevée. Dans le second paragraphe, il enseigne
par quelle série d'opérations de l'esprit on peut parvenir
à cet état de *perfection scientifique* qui permet seul d'atteindre à l'accomplissement des trois grands devoirs pres-
crits dans le premier paragraphe. Il en résulte que la morale est une haute et difficile *science;* et cette *science* consiste [§ 3] à savoir connaître et distinguer les causes et
les effets, les principes et les conséquences, parce que tout
est lié dans la nature, que tout se produit d'après des lois
constantes, immuables, et que ces lois, observées et reconnues facilement dans l'ordre physique, peuvent aussi

être observées et reconnues dans l'ordre moral. C'est donc dans la connoissance parfaite des lois morales du genre humain, dans celles du cœur de l'homme, et des mobiles de ses actions que le philosophe chinois place la véritable et haute science morale qui peut enseigner à l'homme les devoirs qu'il est dans l'obligation d'accomplir pour atteindre à sa destination définitive.

Les deux paragraphes qui suivent [4 et 5], et dans lesquels le philosophe remonte des effets aux causes, et descend des causes aux effets, offrent deux exemples frappants d'*analyse* et de *synthèse*, les plus puissants instruments de toute science véritable. Les deux séries de *Sorites* ou *Syllogismes tronqués* qui les composent, embrassent toutes les conditions et les transformations par lesquelles le sage doit passer pour atteindre à sa destination définitive, depuis la simple pratique de la vertu jusqu'au gouvernement d'un empire qui doit être la pratique et l'expression de la plus haute comme de la plus complète science morale. Cet enchaînement de propositions toutes incontestables, au moins dans le système du philosophe chinois, offre sans aucun doute la formule la plus rigoureuse et la plus concise qui ait jamais été donnée des devoirs de l'homme envers lui-même, envers les autres hommes, et envers la société tout entière. « Les lettrés, dit un écrivain chinois, regardent ce paragraphe comme un précis sublime de tout ce que la philosophie, la politique et la morale ont de plus lumineux et de plus indubitable. »

Khoûng-tseu termine [6 et 7] en résumant toute sa doctrine dans un grand principe auquel tous les autres se rattachent et dont ils découlent comme de leur source naturelle : le *perfectionnement de soi-même*. Ce principe fondamental, le philosophe chinois le déclare obligatoire pour tous les hommes, depuis celui qui est le plus élevé et le plus puissant jusqu'au plus obscur et au plus faible, et il établit que négliger ce grand devoir, c'est se mettre dans l'impossibilité d'arriver à aucun autre perfectionnement moral.

Les dix sections ou chapitres qui suivent de l'Explication de THSÈNG-TSEU sont destinés à expliquer, par l'autorité de l'histoire chinoise, l'autorité déja si puissante du grand philosophe. Voici le sujet de ces chapitres :

1. Sur le devoir de développer et de rendre à sa clarté primitive le principe lumineux de notre raison. [§ 1 du texte de KHOÙNG-TSEU.]

2. Sur le devoir de renouveler le peuple, ou de l'instruire et de l'éclairer. [§ 1.]

3. Sur le devoir de placer sa destination définitive dans le souverain bien. [§ 1.]

4. Sur le devoir de connoître les causes et les effets. [§ 3.]

5. Sur le devoir de perfectionner ses connoissances morales, en pénétrant les principes des actions. [§ 4.]

6. Sur le devoir de rendre ses intentions pures et sincères. [§ 4, 5.]

7. Sur le devoir de se perfectionner soi-même, en pénétrant son ame de probité et de droiture. [§ 4, 5.]

8. Sur le devoir de mettre le bon ordre dans sa famille, en se perfectionnant soi-même. [§ 4, 5.]

9. Sur le devoir de bien gouverner un État, en mettant le bon ordre dans sa famille. [§ 4, 5.]

10. Sur le devoir d'entretenir la paix et la bonne harmonie dans le monde, en bien gouvernant les États. [§ 4, 5.]

Il est évident que le but du philosophe chinois est d'enseigner les devoirs du gouvernement politique comme ceux du perfectionnement de soi-même, et de la pratique de la vertu par tous les hommes. Il se sentoit une mission plus haute que celle dont se sont contentés la plupart des

philosophes anciens et modernes, et son immense amour
du bonheur de l'humanité qui dominoit tous ses autres
sentiments, a fait de sa philosophie un système complet
de perfectionnement social qui, nous osons le dire, n'a
jamais été égalé.

Un écrivain chinois dit du *Ta hio :* « La Doctrine de cet
« ouvrage est infinie et inépuisable. Les personnes les plus
« saintes et les plus divines des temps anciens et des temps
« modernes seroient incapables d'ajouter la valeur d'un
« cheveu à sa perfection. »

ARGUMENT
D'UN COMMENTATEUR CHINOIS.

IDÉE GÉNÉRALE DU CHAPITRE COMPRENANT LE SAINT-LIVRE.

On nomme ce chapitre *Saint-Livre*, 聖經 *Ching-King*, parce que 孔子 KHOÙNG-TSEU, après avoir étudié la doctrine des anciens, y établit les lois destinées à enseigner et à instruire les hommes, pour éclairer les siècles à venir, et que c'est TSÈNG-TSEU 會子 qui l'a expliqué. Tout ce chapitre ne renferme qu'un principe très-important : c'est de *développer et de rendre à sa clarté primitive le principe lumineux de la raison que nous avons reçu du ciel. Renouveler les hommes* est un emploi méritoire *du principe lumineux de la raison. Ne placer sa destination définitive que dans le souverain bien*, est la loi des deux opérations précédentes. *Connaître le but où l'on doit tendre*, ou sa destination définitive, c'est placer cette *destination*, ce *but*, dans ce même *principe lumineux de la raison ; pouvoir atteindre à sa destination définitive*, c'est atteindre au développement complet de ce même *principe lumineux de la raison. Mettre le bon ordre, bien gouverner, pacifier*, c'est développer et rendre à sa clarté primitive le principe lumineux que nous tenons du ciel ; *pénétrer les principes des choses ; porter ses connoissances à leur dernier degré de perfection ; se rendre sincère, droit, se perfectionner* : c'est développer et rendre à sa clarté primitive, dans sa personne, le principe lumineux que nous recevons du ciel. Retourner aux choses graves, importantes, *se corriger et se perfectionner soi-même*, est la base, au premier aperçu ; *développer et rendre à sa clarté primitive notre principe lumineux*, est la seule et véritable *base*, le *fondement* de tout. Les trois premiers paragraphes renferment la matière de tout l'ouvrage, et les autres en découlent comme de leur source naturelle. Parce que les expressions *antécédent* et *conséquent*, 先後 *sian, héou*, forment le nœud de ces paragraphes ; on y enseigne aux hommes à savoir *préparer* d'avance et à savoir *déterminer son but*. Les quatre paragraphes qui suivent sont des explications des précédents, des énumérations analytiques, et qui redisent en d'autres termes plus explicites ce qui a été dit dans les précédents. Parce que le principe de *se corriger* ou de *se perfectionner soi-même* forme le nœud de ces paragraphes ; on y enseigne aux hommes à connoître les choses *principales* et à connoître les choses *fondamentales*.

2

能　后　而　定²知　止　明¹大
得　能　后　而　止　於　德　學
慮　能　后　而　至　在　之　大
慮　安　能　后　善　親　道　學
而　安　靜　有　　　民　在
后　而　靜　定　　　在　明

MAGNUM STUDIUM.

minationem-habe, et tum poteris-animum-habere - tranquillum ; tranquillum-habe-animum, et postea valebis. requiescere ; requiescè et deinde poteris res-in-animo-scrutari ; res-in-animo-scruta , et deinde poteris assequi.

1. Magni studii (*notâ genitivi*) via, consistit-in illustrando claram virtutem* [*seu* rationalem potentiam] , consistit-in renovando populum; consistit-in sistendo in summo bono.

2. Cognosce ultimum-sistendi-locum et deinde habebis determinationem ; deter-

NOTA. Textus sinicus ac latina versio dextrorsum exordiuntur; unusquisque character sinicus, uno verbo, vel ubi necesse est, pluribus verbis latinis, in ordine suo, ad amussim convertitur; ubi pluribus, tum ductâ lineolâ (‑) in unum ea conjunguntur; verba uncis [] inclusa , ad versionem intelligendam inserta sunt.

* « Omnes rectæ animi affectiones virtutes appellantur. » (CICÉRON.)

TRADUCTION COMPLÈTE DU COMMENTAIRE DE TCHOU-HÎ.

1. TCHING-TSEU a dit que 親 *thsîn* devoit s'écrire 新 *sîn* [*renovare*]. — L'expression de *Grande Étude*, 大 學 *ta' hio*, [*magnum studium*] désigne l'étude propre aux hommes parvenus à la maturité de la raison, 大 人 *ta' jîn*. Le premier caractère 明 *mîng* [*illustrare*] est verbe; l'expression 明 德 *mîng te* [*clara-virtus*] désigne ce que les hommes obtiennent du ciel,

* Un commentateur ajoute là-dessus qu'anciennement, dès que les jeunes gens avoient atteint leur *quinzième année*, on leur enseignoit l'étude propre aux esprits mûrs (*ta' jîn*), leur raison à cet âge pouvant déjà se former une opinion saine et éclairée des choses.

GRANDE ÉTUDE.

1. La loi de la grande Étude, ou de la philosophie pratique, consiste à développer et remettre en lumière le principe lumineux de la raison que nous avons reçu du ciel; à renouveler les hommes, et à placer sa destination définitive dans la perfection, ou le souverain bien.

2. Il faut d'abord connoître le but auquel on doit tendre, ou sa destination définitive, et prendre ensuite une détermination; la détermination étant prise, on peut ensuite avoir l'esprit tranquille et calme; l'esprit étant tranquille et calme, on peut ensuite jouir de ce repos inaltérable que rien ne peut troubler; étant parvenu à jouir de ce repos inaltérable que rien ne peut troubler, on peut ensuite méditer et se former un jugement sur l'essence des choses; ayant médité et s'étant formé un jugement sur l'essence des choses, on peut ensuite atteindre à l'état de perfectionnement désiré.

---

et qui, étant immatériel, intelligent et non dénué de raison, constitue le principe rationnel de tous les hommes, et fait sentir son influence sur toutes les actions de la vie. Seulement, lorsque ce sont les passions aveugles, les penchants vicieux qui dominent l'homme, que ses désirs immodérés l'offusquent, alors c'est le moment où ce principe lumineux de la raison s'obscurcit. Mais quand son essence fondamentale vient à être *développée* et *remise en lumière*, alors on trouve qu'elle n'a jamais cessé complètement d'exister. C'est pourquoi celui qui étudie doit se conformer à ses manifestations; et, par conséquent, faire tous ses efforts pour le *développer* ou le *remettre en lumière*, afin de le rendre à la pureté primitive de son origine.

物有本末，事有終始。知所先後，則近道矣。古之欲明明德於天下者，先治其國。欲治其國者，先齊其家。欲齊其家者，先修其身。欲修其身者，先正其心。欲

ipsorum regnum, qui, prius recte-ordi-
nabant ipsorum familiam; volentes recte-
ordinare ipsorum familiam, qui, prius
recte - componebant [*seu emendabant*]
ipsorum corpus [*vel* personam]; volentes
recte-componere ipsorum personam, qui,
prius rectificabant suum cor [*seu animum*]; volentes...............

3. Res habent radices ramos*que*; actiones
habent finem principium*que*; cognosce
id-quod prius posterius*que*; tunc prope-
accedes viam. (*part. finalis*).
4. Prisci (*particula relativa*) volentes
illustrare claram virtutem in cœlum infra
[mundo], qui*, prius recte-gubernabant
ipsorum regnum; volentes recte-gubernare

*Hujus latinæ *versionis* propositum hoc est: singulos charácteres sinicos, singulis verbis latinis, in ordine suo, ad magis uniuscujusque vim et sensum recte capiendum, convertere. Quamobrem necessarium fuit omnem dictionis elegantiam, quandoque latinæ constructionis leges penitus negligere: Sic locutiones *Prisci desiderantes*, etc.,. *qui; id- dicitur.... quod*, et aliæ, facile legendæ sunt: *Prisci qui; id quod dicitur*, etc.*

Le caractère 新 *sin* [*renovare*] exprime l'action de rejeter le vieux, ou ce qui étoit anciennement pratiqué; il signifie qu'après *avoir rendu*, pour soi-même, *à sa clarté primitive, son principe lumineux*, il faut en outre agir de même envers les autres hommes, pour qu'ils aient aussi les moyens de se dépouiller de leurs vieilles souillures.

Le caractère 止 *tchi* [*sistere*] a le sens d'une obligation de parvenir jusqu'à la vérité, et de ne pas la dépasser. L'expression 至善 *tchi-chén* [*summum bonum*] désigne dans les principes des actions la limite extrême et déterminée du devoir, c'est-à-dire que les actes de *développer et de rendre à sa clarté primitive le principe lumineux de notre raison; de renouveler les peuples*, doivent l'un et l'autre être poussés jusqu'au point du *bien parfait*, et qu'ils ne doivent pas le dépasser; car il est nécessaire que ces

3. Les êtres de la nature ont une cause et des effets; les actions humaines ont un principe et des conséquences; connaître les causes et les effets, les principes et les conséquences, c'est approcher très-près de la méthode rationnelle avec laquelle on parvient à la perfection.

4. Les anciens princes qui désiroient développer et remettre en lumière, dans leurs États, le principe lumineux de la raison que nous recevons du ciel, s'attachoient auparavant à bien gouverner leurs royaumes; ceux qui désiroient bien gouverner leurs royaumes, s'attachoient auparavant à mettre le bon ordre dans leurs familles; ceux qui désiroient mettre le bon ordre dans leurs familles, s'attachoient auparavant à se corriger eux-mêmes; ceux qui désiroient se corriger eux-mêmes, s'attachoient auparavant à donner de la droiture à leur âme; ceux qui désiroient donner de la droiture à leur âme,

---

actes soient portés dans le développement ou la rénovation de ce principe céleste, jusqu'à une limite extrême déterminée, et que les désirs, les affections de personne ne soient restreints à des intérêts privés. Ces trois propositions forment le thème de la *Grande Étude*.

2. 后 *héou* est synonyme de 後 *héou*, dans tout le paragraphe. — Le caractère 止 *tchi* [*sistere*] a ici le sens de *lieu où l'on doit s'arrêter* [*sistendi-locus*]; par conséquent, ce lieu consiste dans le *bien parfait* [*summum bonum*]. Il faut *le connaître*, et alors la volonté prend une *détermination*, après avoir délibéré. 靜 *thséng* [*animum-habere-tranquillum*] exprime l'état d'une âme qui n'est point agitée, incertaine; 安 *ngân* [*requiescere*] exprime qu'elle a choisi un lieu pour se reposer; 慮 *liù* [*res-in-animo-scrutari*] exprime que, dans cette situation, l'essence

家	身	心	意	知	⁵物	知	者	其	正
齊	修	正	誠	至	格	在	先	意。	其
而	而	而	而	而	而	格	致	欲	心
后	后	后	后	后	后	物	其	誠	者
國	家	身	心	意	知		知	其	先
治	齊	修	正	誠	至		致	意	誠

ad-ultimum-pervenit; scientia ad-ultimum-pervenit, et deinde intentio verificatur; intentio verificatur, et deinde cor rectificatur; cor rectificatur, et deinde persona recte-componitur; persona recte-componitur, et deinde familia recte-ordinatur; familia recte-ordinatur, et deinde regnum recte-gubernatur; . . . .

rectificare suum cor, qui, prius verificabant suam intentionem; volentes verificare suam intentionem, qui, prius ad summum - apicem - perducebant ipsorum scientiam; ad-summum-apicem-perducere scientiam, consistit-in perscrutando res [seu actionum omnium rationes.]

5. Res perscrutantur, et deinde scientia

---

et les principes des actions sont clairement, mûrement examinés et approfondis. 得 _te_ [_assequi_] exprime que l'on a obtenu ce que l'on regarde comme le but auquel on doit parvenir [c'est-à-dire : _le souverain bien_].

3. Le _principe lumineux de la raison_, 明 德 _míng-te_, [_clara virtus_], constitue la _cause_, 本 _pèn_, [_radix_]; _renouveler les peuples_, 新 民 _sîn mîn_, [_renovare populos_], constitue l'_effet_, 末 _mo_, [_ramus_]: _Connaître le but auquel on doit tendre_, 知 止 _tchî tchì_, [_cognoscere sistendi-locum_], constitue le _principe_, 始 _chì_, [_principium_]; _pouvoir atteindre au but_, 能 得 _néng te_, [_posse assequi_], constitue la _conséquence_, 終 _tchoüng_, [_finis_]. La _cause_ et le _principe_ sont les _antécédents_, 先 _siân_, [_prius_]; l'_effet_ et la _conséquence_ sont les _conséquents_, 後 _héou_, [_posterius_]. Ce paragraphe résume le sens des deux paragraphes précédents du texte.

s'attachoient auparavant à rendre leurs intentions pures
et sincères; ceux qui désiroient rendre leurs intentions
pures et sincères, s'attachoient auparavant à perfectionner le plus possible leurs connoissances morales; perfectionner le plus possible ses connoissances morales consiste à pénétrer et approfondir les principes des actions.

5. Les principes des actions étant pénétrés et approfondis, les connoissances morales parviennent ensuite à
leur dernier degré de perfection; les connoissances morales étant parvenues à leur dernier degré de perfection,
les intentions sont ensuite rendues pures et sincères;
les intentions étant rendues pures et sincères, l'âme se
pénètre ensuite de probité et de droiture; l'âme étant
pénétrée de probité et de droiture, la personne est ensuite corrigée et améliorée; la personne étant corrigée

---

4. 治 *tchí* est au ton *píng* ᴀ dans tout le paragraphe. —
*Développer et rendre à sa clarté primitive le principe lumineux de
la raison,* 明 明 德 *míng míng-te, [illustrare claram virtutem],*
dans le monde, c'est faire en sorte que tous les hommes qui l'ha-
bitent aient les moyens de *développer* ou de *rendre à sa clarté
primitive le principe lumineux de leur raison.*

Le caractère 心 *sin* désigne le principe intelligent qui com-
mande au corps : 心 者 身 之 所 主 也.

誠 *tchíng [verificare]*; c'est rendre vrai, réel, sincère.

Le caractère 意 *i [intentio],* désigne un produit du principe
intelligent; *rendre vrai, droit, sincère,* ce produit du principe intelligent, c'est faire que les désirs, les passions se maintiennent dans
leurs véritables limites, et ne s'abandonnent pas à la déception.

致 *tchí [ad-summum-apicem-perducere],* c'est porter au dernier degré, à sa dernière limite. 知 *tchí [scientia],* a le même
sens que 誠 *chí,* savoir, connoissance. Quand nous voulons

者 者 者 其 修 庶 自 平 國
右 厚 薄 否 本 身 人 天 治
經 未 而 矣 爲 壹 子 而
一 之 其 其 末 本 是 以 后
章 有 所 所 未 皆 至 天
蓋 也 薄 厚 治 以 於 下

quam - fieri - potest ° *. Id quod amplum
[*seu* majoris-momenti]° exiguum-facere, et
id quod exiguum [*seu* minoris-momenti]°
amplum-facere: nequaquam hoc habendum
quidem.

    Dextrorsum *King* [*seu*, Liber, sacer,]
uno capite. Porro......

regnum recte-gubernatur, et deinde cœlum infra, [totus orbis] pace-fruitur.

6. A cœli filio, [imperatore], cùm usque
ad multitudinis homines, una hi omnes:
rò recte-componere personam faciant radicem.

    7. Suam radicem perturbatam, et ra-
mos bene-rectos, qui [haberet] : nequa-

* Deinceps brevitatis et concinnitatis causâ, *genitivi* notas, aliquando particulas mere *relativas, expletivas, finales, admirativas, interrogativas*, etc., circulo °, earum vacui sensus imagine, repræsentabimus.

porter notre savoir, nos connoissances à leurs dernières limites, nous désirons que ce que nous savons soit complétement approfondi.

格 *khe* [*perscrutare*], c'est pénétrer, approfondir, 至 也 *tchi ye*. 物 *we* [*res*] a le même sens que 事 *sse*, actions, œuvres opérées par les êtres intelligents. Quand on veut épuiser ou pénétrer à fond les principes, les raisons des actions, des choses qui concernent l'homme, on désire que leurs dernières limites n'échappent point à notre investigation et à notre intelligence. Ces huit propositions forment les sujets de la *Grande Étude*.

5. 治 *tchi* est au ton *khiu* dans tout ce paragraphe. — L'expression 物 格 *we khe* [*res perscrutantur*], signifie que les principes des actions, des choses qui concernent l'homme, ont été pénétrés jusque dans leurs dernières limites. L'expression 知 至 *tchi tchi* [*scientia ad-ultimum-pervenit*], signifie que ce que notre

et améliorée, la famille est ensuite bien dirigée; la famille étant bien dirigée, le royaume est ensuite bien gouverné; le royaume étant bien gouverné, le monde ensuite jouit de la paix et de la bonne harmonie.

6. Depuis l'homme le plus élevé en dignité, jusqu'au plus humble et au plus obscur; devoir égal pour tous : corriger et améliorer sa personne, ou le *perfectionnement de soi-même*, est la base fondamentale de tout progrès et de tout développement moral.

7. Il n'est pas dans la nature des choses que ce qui a sa base fondamentale en désordre et dans la confusion, puisse avoir ce qui en dérive nécessairement, dans un état convenable.

Traiter légèrement ce qui est le principal ou le plus important, et gravement ce qui n'est que secondaire, est une méthode d'agir qu'il ne faut jamais suivre.

---

principe intelligent sait, il le sait à fond, il l'a épuisé. Le savoir où la science ayant été épuisée, alors les *intentions* peuvent obtenir d'être rendues *pures*, *sincères*; les *intentions* ayant été rendues pures, sincères, alors l'âme peut obtenir d'être pénétrée de *probité* et de *droiture*. 修身 *sieóŭ chĭn*, [*recte-componere personam*], *corriger sa personne*, ou le *perfectionnement de soi-même*, en remontant à la cause, au principe : c'est l'action de *développer et de rendre à sa clarté primitive son principe lumineux de la raison*. *Mettre le bon ordre dans sa famille*, 齊家 *thsi kiă*, [*recte ordinare familiam*], en descendant aux effets, aux conséquences : c'est l'action de *renouveler les peuples*. Les *principes des choses étant pénétrés, approfondis*; les *connoissances étant portées à leur dernier degré de perfection*, alors on sait où l'on doit se *fixer*; on connoît le *but* où l'on doit parvenir. Les *intentions étant rendues pures et sincères*, en descendant jusqu'aux dernières consé-

孔子之言而會子述之其傳十章則會子之意而門人記之也舊本頗有錯簡今因程子所定而更考經文別為序次如左

Antiqui voluminis inæqualiter erant colligatæ tabulæ. Nunc causa TCHING-TSEU id determinavit, et emendavit examinando libri compositionem; divisione fuit ordinis dispositio sicut sinistrorsum [dextrorsum in nostra editione].	CONFU-CII° verba; et THSENG-TSEU explicuit illa. Ejus Commentarium decem capitulis [constat]; tunc [τοῦ] THSENG-TSEU° ideæ [sunt], et portæ homines [id est, Discipuli ejus] enarraverunt illas quidem.

quences, alors on a obtenu ce qui est le préliminaire, l'antécédent nécessaire de sa destination.

6. L'expression 壹 是 *i chi* [*una hi*] signifie : ensemble, en totalité. *Rectifier son cœur*, 正 心 *tching sin*, [*rectificare cor, animum*] ou *pénétrer son âme de probité et de droiture*, en remontant au principe : c'est *se corriger ou se perfectionner soi-même ; mettre le bon ordre dans sa famille*, 齊 家 *thsi kiā*, [*recte-ordinare familiam*] en descendant aux effets, aux conséquences : c'est l'élever et la placer dans une aisance, un état honorable.

7. *La base fondamentale*, 本 *pen*, [*radix*], c'est le corps, la *personne* : 身也 *chin-ye* ; le *principal*, 厚 *héou*, [*amplum*] c'est la *famille* : 家也 *kiā-ye*. Ces deux paragraphes se lient étroitement avec le sens des deux paragraphes précédents.

NOTE DU COMMENTATEUR.

Le texte entier de l'ouvrage consiste en 1546 caractères.

Toute l'Exposition [de THSENG-TSEU] est composée de cita-

Le *King* ou *Livre par excellence*, qui précède, ne forme qu'un chapitre; il contient les propres paroles de KHOUNG-TSEU, que son disciple THSENG-TSEU a commentées * dans les dix sections ou chapitres suivants, composés de ses idées recueillies par ses disciples.

Les tablettes en bambou des anciennes copies avoient été réunies d'une manière fautive et confuse; c'est pour cela que TCHING-TSEU détermina leur place, et corrigea en l'examinant la composition du livre. Par la disposition qu'il établit, l'ordre et l'arrangement ont été arrêtés comme il suit **.

---

* Il consiste en 205 caractères. (TCHOÛ-HÏ.)

** Dans les éditions chinoises, les notes de TCHOÛ-HÏ, que nous avons reproduites dans la nôtre, sont imprimées en lignes plus courtes que le texte de KHOUNG-TSEU et le Commentaire de son disciple. On a suivi cette disposition dans le texte chinois, la version latine et la traduction française, pour bien distinguer ce qui appartient à chaque écrivain. Le Commentaire philologique et philosophique du même auteur, dont nous donnons la traduction complète, est imprimé dans les éditions chinoises originales en caractères de moitié plus petits que le texte.

---

tions variées qui servent de Commentaire au *King* [ou texte original de KHOUNG-TSEU], lorsqu'il n'est pas complètement narratif. Ainsi les principes posés dans le texte sont successivement développés dans un enchaînement logique. Le sang circule bien partout dans les veines. Depuis le commencement jusqu'à la fin, le grave et le léger sont employés avec beaucoup d'art et de finesse. La lecture de ce livre est agréable et pleine de suavité. On doit le méditer longtemps, et l'on ne parviendra même jamais à en épuiser le sens.

康誥曰克明德。
大甲曰顧諟天之明命。
帝典曰克明峻德。
皆自明也。
右傳之首章，釋明明德。

4. Omnia [hæc verba significant]: se-ipsum illustrandum quidem.

Dextrorsum Commentarii° primum Capitulum, explicans [τὸ] *illustrandum claram virtutem*.

1. *Khang-kao* ait : « Valuit illustrare virtutem. »

2. *Taï kia* ait : « Semper - intentos-habebat-oculos huic cœli° claro mandato. »

3. *Ti tien* ait : « Valuit illustrare sublimem virtutem. »

---

1. Le 康誥 *Khǎng-kao*, *Avertissement donné à Khǎng*, est un livre de la dynastie des *Tcheou*. 克 *khe* [*valuit*] signifie avoir le pouvoir de faire telle ou telle chose : 能也 *nèng ye*.

2. 大 *tá* doit se lire ici *tài*. 諟 *ti* est l'ancienne forme de 是 *chǐ* [*hic*].

Le 大甲 *Tǎï-kia* est un livre de la dynastie des *Chang*. 顧 *kou* [*intentos-habere-oculos*] signifie *avoir constamment les yeux fixés sur quelque chose*. 諟 *ti* est synonyme de 此 *thsèu* [*hic*]. 天之明命 *thiēn tchí ming míng* [*cœli° clarum mandatum*] exprime le don que le ciel nous fait, et par lequel nous accomplissons des actes de vertu : 卽天之所以與我。而我之所以爲德者也。 Il faut avoir constamment l'œil fixé sur lui; alors il n'arrive aucune époque à laquelle il perde sa clarté, sa pureté primitive.

Explication de Thsêng-tseu.

CHAPITRE I.
SUR LE DEVOIR DE DÉVELOPPER ET DE RENDRE A SA CLARTÉ PRIMITIVE LE PRINCIPE LUMINEUX DE NOTRE-RAISON.

1. Le *Khâng-kao** dit : « Le roi *Wén* parvint à développer et faire briller dans tout son éclat le principe lumineux de la raison que nous recevons du ciel. »

2. Le *Taï kia*** dit : « Le roi TCHING-THANG avoit sans cesse les regards fixés sur *ce don brillant de l'intelligence que nous recevons du ciel.* »

3. Le *Ti tien**** dit : « YAO put *développer et faire briller dans tout son éclat le principe sublime de l'intelligence que nous recevons du ciel.* »

4. Tous ces exemples indiquent que l'on doit cultiver sa nature rationnelle et morale.

Voilà le premier chapitre du Commentaire. Il explique ce que l'on doit entendre par *développer et remettre en lumière le principe lumineux de la raison que nous recevons du ciel.*

---

3. 峻 *tsiún* s'écrit dans les autres livres 俊.

Le 帝 典 *Ti tien* est le *Yao-tien*, ou Livre de l'Empereur Yù [surnommé YAO]. 峻 *tsiún* [*sublimis*], signifie grand, élevé : 大 也.

4. Cette phrase lie les citations au texte du livre ; ces citations

*. **. ***. Ils forment aujourd'hui des chapitres du CHOU-KING.

湯¹之盤銘曰、苟日新、日日新、又日新。

康²誥曰、作新民。

詩³曰、周雖舊邦、其命維新。

是⁴故君子無所不用其極。

右傳之二章、釋新民。

principatus, — ejus mandatum mere novum.»

4. Hac-de causa sapienti viro non [est] id-quo non utetur [ad] suum apicem.

Dextrorsum Commentarii ° secundum Capitulum, explicans [tò] renovandum populos.

1. [regis] THANG ° labro inscriptio aiebat: «Perfecte die [te] renova; quotidie, quotidie [te] renova, adhuc in-dies [te] renova.»

2. *Khang-kao* ait: «Fac renovare-se populum.»

3. *Carmen* ait: «*Tcheou* etsi antiquus

expriment toutes le sens de *développer soi-même et de rendre à sa clarté primitive la nature rationnelle et morale que l'on possède.*

Ce chapitre avec le suivant et le troisième, jusqu'à 止於 信 *tchi iŭ sin* [*sistebat in sinceritate*], se trouvoient fautivement dans les anciennes éditions à la suite de cette phrase: *Jusqu'à la fin des siècles, ils ne seront jamais oubliés!* (Chap. 3, § 6.)

1. Le caractère 盤 *phán* [*labrum*] désigne un bassin pour se baigner. 銘 *míng* [*inscriptio*] est la dénomination que l'on donne à des expressions gravées sur des ustensiles à soi pour exciter ou réveiller son attention. 苟 *keòu* signifie *parfaitement, complètement:* 誠也. Le roi TCHING-THANG vouloit inspirer aux hommes le devoir de laver, de purifier leur cœur, afin d'en chasser les passions mauvaises, les penchants vicieux, comme on lave et on nettoie sa personne dans un bassin d'eau, pour en faire disparoître les souillures. C'est pourquoi il avoit fait graver sur sa baignoire une inscription qui disoit que l'on pou-

CHAPITRE II.

1. Des caractères gravés sur la baignoire du roi TCHING-THANG disoient : «Renouvelle-toi complétement chaque jour; fais-le de *nouveau*, encore de *nouveau*, et toujours de *nouveau.* »

2. Le *Khâng-kao* dit : « Fais que le peuple *se renouvelle.* »

3. Le Livre des vers dit :

«Quoique la famille des *Tcheou* possédât depuis longtemps une « principauté royale,
«Elle obtint du ciel (dans la personne de WEN-WANG) une investi-
« ture *nouvelle.*

4. Cela prouve qu'il n'y a rien que le sage ne pousse jusqu'au dernier degré de la perfection.

Voilà le second chapitre du Commentaire; il explique ce que l'on doit entendre par *renouveler les peuples.*

---

voit faire disparoître complétement dans un jour toutes ses anciennes souillures, et se *renouveler soi-même*; alors il falloit pour cette raison que celui qui se *renouveloit* ainsi *lui-même*, 新 *sin*, se *renouvelât chaque jour*; qu'il le fît chaque jour de *nouveau* et encore de *nouveau.* Si l'on ne peut pas se dépouiller petit à petit de ses vices, il faut rompre tout d'un coup et complétement avec eux.

2. Employer tous les moyens pour exciter à une action, s'exprime par le terme 作 *tso* [*excitare*]; c'est-à-dire, qu'il faut exciter le peuple à se *renouveler lui-même.*

3. 詩 *Chî*, le *Livre des vers*, section *Ta-ya*, ou de la *Grande Excellence*, ode concernant WEN-WANG. Le texte signifie que, quoique le royaume des *Tcheou* fût ancien [comme petit État feu-

詩云。邦畿千里。惟民所止。

詩云。緡蠻黃鳥。止于丘隅。子曰。於止。知其所止。可以人而不如鳥乎。

詩云。

consiti angulo. »

Philosophus dixit : in sistendo noscit ipsa ubi sistendum ; potest-ne ô homo et non sicut avis °! [non similem esse avi].

3. Carmen ait :

1. Carmen ait : « regis districtus mille stadiorum, — solùm [est] populus ubi sistit. »

2. Carmen ait : « [cantu] - *miên mân* crocea avis — sistit in montis-arboribus-

---

dataire] à l'époque de WEN-WANG, ce roi dut *renouveler sa nature morale*, pour arriver à gouverner le peuple, et recevoir de nouveau le mandat du ciel : 能新其德以及於民而始受天命也。

4. *Se renouveler soi-même, renouveler le peuple*, c'est vouloir parvenir à la *souveraine perfection* : 自新。新民。皆欲止於至善也。

1. Le *Livre des vers*, section *Chang Soung*, ode *Hiouan niao*. 邦畿 *páng kī* [*regius districtus*], c'est le district où le roi tient sa cour. 止 *tchì* [*sistere*], signifie ici *habiter, demeurer*, 居 *kiū* [*habitare*]. Ce qui veut dire que chaque être a un lieu spécial où il doit *fixer sa demeure*.

2. 緡 *mín*, dans les vers se prononce *mién*. *Livre des vers*, section *Siao-ya*, ode *Mién-mán*. 緡蠻 *mién mán* est le cri d'un oiseau. 丘隅 *khieoŭ-yŭ* [*montis-arboribus-consiti angulo*] exprime un lieu situé dans l'angle d'un pic touffu et élevé.

CHAPITRE III.

SUR LE DEVOIR DE PLACER SA DESTINATION DÉFINITIVE DANS LA
PERFECTION OU LE SOUVERAIN BIEN.

---

1. Le Livre des vers dit :

« C'est dans un rayon de mille *li* (cent lieues) de la résidence royale,
« Que le peuple aime à *fixer sa demeure.*

2. Le Livre des vers dit :

« L'oiseau jaune au chant plaintif *miĕn-mân,*
« *Fixe sa demeure* dans le creux touffu des montagnes. »

Le philosophe [Khoung-tseu] a dit :

« *En fixant là sa demeure,* il prouve qu'il connoît
le lieu de sa *destination ;* et l'homme [la plus intelligente
des créatures *] ne pourroit pas en savoir autant que
l'oiseau ! »

3. Le Livre des vers dit :

A la suite de ces mots : *Le philosophe a dit,* ce sont les paroles de
Khoung-tseu, exprimant son sentiment sur les vers cités. Il veut
dire qu'il faut que l'homme connoisse le lieu où il doit se *fixer,*
le point de perfection où il doit tendre et s'*arréter :* 言 人
當 知 所 當 止 之 處 也。

3. 於 緝 *yŭ thsie ;* dans cette locution, 於 *yŭ,* doit se
prononcer *wóu.* — Le *Livre des vers,* ode concernant Wen-wang.

---

* C'est l'explication que donne le *Ji-kiang,* en développant le Commentaire
laconique de Tchou-hi : 人 爲 萬 物 之 靈。若 不
能 擇 至 善 而 止 之。是 鳥 之 不 若 也,
« L'homme est de tous les êtres le plus intelligent ; s'il ne pouvoit pas choisir
« le souverain bien pour s'y fixer, c'est qu'il ne seroit pas même aussi intel-
« ligent que l'oiseau. »

3

詩 信 與 爲 爲 爲 爲
瞻 云 國 人 人 人 人 於 穆
彼 人 父 子 臣 君 緝 穆
淇 交 止 止 止 止 熙 文
澳 止 於 於 於 於 敬 王
於 慈 孝 敬 仁 止

sistebat in obedientia; agens virum patrem, sistebat in filiorum-amore; cum regui homimbus amicitiam-vel-fœdus-iniens, sistebat in sinceritate [seu fide].

4. Carmen ait : « Aspice illius rivi-Ki ripam : . . . .

« Profundæ reconditæ que-virtutis WEN-WANG! — ô! conjunxit splendorem attente-observans in-quo-sistere- oportebat. » Agens virum principem, sistebat in humanitate; agens virum subditum, sistebat in observantia; agens virum filium,

— L'expression 穆 穆 *mou mou* [*profundæ reconditæque virtutis*] a le sens de profondément éloigné. 於 *wôu [ô]* est ici une expression d'admiration. 緝 *thsie* [*conjunxit*], c'est continuer les actes de ses prédécesseurs. 熙 *hî* [*splendorem*], exprime la clarté, la splendeur. 敬 止 *king tchi* [*attente-observans in-quo-sistere-oportebat*], veut dire qu'il n'est pas un instant sans penser avec sollicitude à la manière d'accomplir parfaitement sa destination.

Le philosophe fait cette citation pour enseigner que le *séjour*, la *demeure*, la *destination* du saint homme ne peut être que la *perfection* ou le *souverain bien* : 聖 人 之 止 無 非 至 善. Les cinq conditions (ou les cinq rapports sociaux dont il est parlé dans le texte) étoient à ses yeux les choses les plus importantes. Celui qui étudie doit s'appliquer à les connoître dans les détails de leur essence la plus subtile, et, en outre, repousser tout ce qui pourroit le porter à approfondir ce qui en constitueroit un excédant; alors toutes les œuvres qui s'opéreront

« Que la vertu de Wĕn-wāng étoit vaste et profonde !
« Comme il sut joindre la splendeur à la sollicitude la plus grande
« pour l'accomplissement de ses différentes *destinations !* »

Comme prince, il *plaçoit sa destination* dans la pratique de l'humanité ou de la bienveillance universelle pour les hommes; comme sujet, il *plaçoit sa destination* dans les égards dus au souverain; comme fils, il *plaçoit sa destination* dans la pratique de la piété filiale; comme père, il *plaçoit sa destination* dans la tendresse paternelle; comme entretenant des relations, ou contractant des engagements avec les hommes, il *plaçoit sa destination* dans la pratique de la sincérité et de la fidélité *.

4. Le Livre des vers dit :

« Regarde là-bas sur les bords du *Ki,*

---

dans le monde seront accomplies avec une connoissance sûre et non douteuse du point de *perfection* où l'on doit *parvenir* et se *fixer.*

4 et 5. 澳 se prononce *ngao.* 菉 *lo* dans le *Livre des vers,* est écrit de cette manière : 綠. 猗 *i,* pour s'accorder avec la consonnance, se prononce *ho.* 僩 se prononce *hiàn.* 喧 *hioŭan,* dans le *Livre des vers,* est écrit 咺. 諠 *hioŭan,* dans le *Livre des vers,* est écrit 諼; l'un et l'autre caractère se prononce *hioŭan.* 恂 *siŭn;* les docteurs Tcheng lisent et écrivent ce caractère 峻, [l'édition *Ta thsiouàn* écrit 俊].

* Le *Ji Kiang* s'exprime ainsi : « Tseng-tseu dit : Chaque homme possède en soi le principe de sa *destination* obligatoire ou de ses devoirs de conduite, et atteindre à sa *destination* est du devoir du saint homme : 曾子曰。人各有所當止理。而得所止者必推聖人。

3.

學[5]如
也切終有赫瑟如如有菉
如如不斐兮兮琢切斐竹
琢磋可君喧僴如如君猗
如者諠子兮兮磨磋子猗
磨道兮

---

ditus proh! — habemus ornatum principis filium, — in-finem-usque non poterimus
oblivisci [illius] proh!

5. *Sicut secans, sicut limans-* [ebur],
quod : indicat studium°; *sicut cædens,
sicut poliens -* [lapillos]............

.....viridantia [ejus] arundineta, luxuriant', luxuriant! — habemus ornatum
principis filium; —[est] sicut secans, sicut
limans-ebur; sicut cædens, sicut poliens
[lapillos]. — Severus, proh! strenuus,
proh! — præcellens proh! dignitate-præ-

La citation du *Livre des vers* est tirée de l'Ode 淇澳 *khí ngao,* des *Mœurs du royaume de Weï.* 淇 *khí,* est le nom d'une rivière : 水名. 澳 *ngao* [*ripam*], signifie *bord, rivage.* L'expression 猗猗 *î î* [*luxuriant, luxuriant*] exprime une apparence de plénitude et de beauté, un aspect florissant. 斐 *fèi* [*ornatum*] : qui paroît embelli, orné, décoré, élégant, poli. 切 *tsie* [*secans*], c'est se servir d'une lame d'acier pour scier ou séparer en plusieurs parties un objet. 琢 *tso* [*cœdens*]; c'est se servir d'un maillet pour forer; l'une et l'autre sont deux opérations d'art qui découpent les choses, embellissent et perfectionnent les formes des objets. 磋 *thsó* [*limans*], c'est polir avec une lime d'acier. 磨 *mó* [*poliens*], c'est frotter une pierre avec du sable fin pour la rendre polie; l'une et l'autre de ces deux opérations d'art qui façonnent les choses font qu'elles deviennent glissantes et polies. Pour façonner des os ou de la corne, on les découpe, on les taille et ensuite

« Oh! qu'ils sont beaux et abondants les verts bambous !
« Nous avons un prince orné de science et de sagesse * ;
« Il ressemble à l'artiste qui coupe et travaille l'ivoire ;
« A celui qui taille et polit les pierres précieuses.
« O qu'il paroit grave et silencieux !
« Comme sa conduite est austère et digne !
« Nous avons un prince orné de science et de sagesse ;
« Nous ne pourrons jamais l'oublier ! »

5. *Il ressemble à l'artiste qui coupe et travaille l'ivoire*, indique l'étude ou l'application de l'intelligence à la recherche des principes de nos actions ; *il ressemble à celui qui taille et polit les pierres précieuses*, indique

* Tchéou-Koung, qui vivoit en 1150 avant notre ère ; l'un des plus sages et des plus savants hommes qu'ait eus la Chine.

---

on les polit. Pour façonner du jade ou d'autres pierres précieuses (en coupe ou en d'autres formes concaves), on les creuse, et ensuite on les polit avec du sable fin. Tout cela veut dire que la façon que l'on donne à ces objets, que la perfection à laquelle on les porte, a un commencement par lequel il faut nécessairement passer pour parvenir à les rendre tels ; et que c'est par des soins successifs que l'on arrive à leur donner toute la perfection désirable.

瑟 *sse* [*severus*], aspect, figure, apparence de ce qui est grave et silencieux. 僩 *hiàn* [*strenuus*], figure, apparence de ce qui est courageux, fort et intrépide. 赫 *he* et 喧 *hiotian* (*præcellens, dignitate-præditus*), figure, apparence de ce qui se montre convenablement et avec éclat dans toute sa plénitude et sa grandeur. 諠 *hiotian* [*oblivisci*], c'est oublier. 道 *táo* [*indicat*], c'est dire, indiquer. 學 *hio* [*studium*], signifie l'action de se livrer d'une manière suivie et répétée à l'investigation raisonnée des choses.

君 於 詩 之 道 終 儀 赫 僴 者
子 戲 云 不 盛 不 也 兮 兮 自
賢 前 能 德 可 有 喧 者 修
其 王 忘 至 諠 斐 兮 恂 也
賢 不 也 善 兮 君 者 慄 瑟
而 忘 民 君 子 威 也 兮
                子

quod : indicat consummatam virtutem maximam*que* perfectionem-moralem [*vel* summum bonum], populus illius non potest
oblivisci ° enimvero.

6. Carmen ait : «-ô quam! priores reges
non in-oblivione-sunt! » principis filii insapientiam-redigebant suorum [avorum]
sapientiam et . . . .

. . . . quod : [*indicat*]
sui rectam - compositionem ° ; *severus*,
proh! *strenuus, proh!* quòd : cautus, consideratus °; *præcellens, proh! dignitate-
præditus, proh!* quod : majestate, justitia-
[*vel* æquitate] - plenus °. *Habemus ornatum principis filium, in-finem-usque
non poterimus oblivisci (illius) proh!*

自 修 *tséu sieôu* [*sui recta-compositio* : le *perfectionnement
de soi-même*], signifie : mettre toute son attention, employer
tous ses soins pour pouvoir accomplir des œuvres méritoires.
恂 慄 *siûn li* [*cautus, consideratus*], c'est éprouver de l'appréhension, de la crainte. 威 *wéï* [*majestate-plenus*], qui peut
être craint, révéré. 儀 *i* [*justitia-plenus*], qui peut être figuré,
rédigé en loi : 象也。

Le philosophe cite les Vers et les explique, afin d'éclaircir les
expressions : *développer et rendre à sa clarté primitive le principe
lumineux de la raison, et ne se reposer que lorsque l'on est arrivé
à la perfection dans le souverain bien.* Celles-ci 道學 *táo hio,*
et 自修 *tséu sieôu,* signifient que les moyens dont il s'est servi
pour parvenir au but désiré en dérivent; et celles-ci 恂慄
siûn li, 威儀 *wéï i,* signifient que sa vertu embrasse l'intérieur, ainsi que l'extérieur, et qu'elle est complète. Enfin, il
indique ses capacités, et célèbre avec admiration ses louanges.

le *perfectionnement de soi-même*. L'expression : *O qu'il paroît grave et silencieux!* indique la crainte, la sollicitude qu'il éprouve pour atteindre à la perfection ; *comme sa conduite est austère et digne!* exprime combien il mettoit de soin à rendre sa conduite digne d'être imitée. *Nous avons un prince orné de science et de sagesse, nous ne pourrons jamais l'oublier,* indique cette sagesse accomplie, cette perfection morale que le peuple ne peut oublier.

6. Le Livre des vers dit :

« Comme la mémoire des anciens rois (Wen et Wou) est restée dans « le souvenir des hommes ! »

Les sages et les princes, qui les suivirent, imitèrent leur sagesse et leur sollicitude pour le bien-être de leur

---

6. Les deux caractères 於 戲 (*yu hi*) se prononcent *oû hoû*. 樂 (*yo*) se prononce *lo*.

Livre des vers : Ode *Lie - wen*, de la partie *Tchéou - soung.* 於 戲 *oû hoû* [*ô quam!*] est une expression admirative. 前 王 *thsiân wǎng* [*priores reges*], ce sont les anciens rois Wen et Wou (*Wen-wang* et *Wou-wang*). 君 子 *kiûn tseu* [*principis filii*], ces deux caractères indiquent les sages et les rois qui leur sont postérieurs : 其 後 賢 後 王 ; l'expression opposée 小 人 *siaô jîn* [*parvi homines*] désigne le peuple qui leur est aussi postérieur : 後 民 也. Ce qui signifie que les anciens rois (Wou-wang et Wen-wang), en renouvelant le peuple, parvinrent au but désiré de la perfection; par là, ils firent en sorte que le monde, 天 下 *thian hiâ*, dans la suite des siècles, n'eut pas une action vertueuse à pratiquer dont il ne trouvât en eux le modèle. C'est pourquoi ils ne

親其親小人樂
其樂而利其利
此以沒世不忘
也

右傳之三章
釋止於至善

子曰聽訟吾猶
人也必也使無
訟乎無情者不
得盡其辭大畏

.... ad summum bonum.

1. Philosophus ait : « Audiendo lites, ego sicut homo [alius]°. Quod-foret-necessarium quidem [esset] efficere-ut non-sint lites°! » Haud sinceri, qui : ne possint ad-exitum-perducere sua jurgia : [hôc] maximopere-valeret-ad subjiciendas [sibi]

.... in-amorem-erga-stirpem-suam-redigebant suorum [avorum] amorem-erga-stirpem-suam. Parvi homines gaudebant illorum lætitia et fruebantur illorum lucris. Hac-de-causa a morte, sæculis-elapsis, non in-oblivione-erunt cuimvero.

Dextrorsum Commentarii ° tertium capitulum, explicans [τὸ] *sistendum*

périront point dans la suite des siècles, et les hommes conserveront pour eux une grande vénération ; plus le temps s'éloignera, moins ils seront oubliés.

1. 猶人 *yeóu jín* [*sicut homo*], non différent des autres hommes. 情 *thsíng* [*sinceri*], vrai, réel, sincère. Les paroles du philosophe FOU-TSEU (KOUNG-FOU-TSEU) sont ici rapportées, et on y enseigne que le saint homme peut faire en sorte que les hommes sans sincérité, sans foi, n'osent pas pousser jusqu'au bout leurs accusations vaines et mensongères ; or, nous parvenons à ce but en éclairant le *principe lumineux de notre raison*. De cette manière, l'esprit, les intentions, les pensées du peuple, se trouvent maintenus dans une crainte salutaire. C'est ainsi que ceux qui veulent plaider n'attendroient point d'être écoutés et jugés, et il n'y auroit plus de procès. En considérant attentivement ces paroles, on voit que l'on peut parvenir à connoître et

postérité. Les populations jouirent en paix, par la suite, de ce qu'ils avoient fait pour leur bonheur, et elles mirent à profit ce qu'ils firent de bien et de profitable dans une division et une distribution équitables des terres*. C'est pour cela qu'ils ne seront point oubliés dans les siècles à venir.

Voilà le troisième chapitre du Commentaire; il explique ce que l'on doit entendre par *placer sa destination définitive dans la perfection ou le souverain bien***.

CHAPITRE IV.

SUR LE DEVOIR DE CONNOÎTRE ET DE DISTINGUER LES CAUSES ET LES EFFETS.

1. Le philosophe a dit : « Je puis écouter des plaidoiries et juger des procès comme les autres hommes; mais ne seroit-il pas plus nécessaire de faire en sorte d'empêcher les procès? » Ceux qui sont fourbes et méchants, il ne faudroit pas leur permettre de porter leurs accusations mensongères et de suivre leurs coupables desseins. On parviendroit par là à se soumettre entièrement les

---

à distinguer les *racines* et les *rejetons*, qui ne sont que les *antécédents* et les *conséquents*.

* C'est l'explication que donnent de ce passage plusieurs Commentateurs :

分 田 制 里。各 有 常 業。是 其 利 也。

« Par le partage des champs labourables et leur distribution en portion d'un « LI (un 10ᵉ de lieue carrée), chacun eut de quoi s'occuper et s'entretenir « habituellement; c'est là le profit qu'ils en ont tiré. » HO-KIANG.

** Dans ce chapitre sont faites plusieurs citations du *Livre des vers*, qui seront continuées dans les suivants. Les anciennes éditions sont fautives à cet endroit. Elles placent ce chapitre après celui sur le *devoir de rendre ses intentions pures et sincères*. TCHOU-HI.

民志。此謂知本
右傳之四章
釋本末
¹此謂知本
²此謂知之至也
右傳之五章
蓋釋格物致
知之義而今
亡矣閒嘗竊
取程子之意

Dextrorsum Commentarii ° quintum capitulum; porro explicabat [τὸν] perscrutandis rebus ad-summum-apicem-perducendæ scientiæ ° sensum; et nunc deperditus °.

Diebus-modo-præteritis ° excerpsi, cepi [τοῦ] TCHING-TSEU ° ideas,

populi intentiones. Hoc dicitur : *Scire radicem* [*seu fundamentum*].

Dextrorsum Commentarii ° quartum capitulum, explicans *radicem ramosque.*

1. Hoc dicitur : Scire radicem.
2. Hoc dicitur scientiæ °, apex enimvero.

1. TCHING-TSEU a dit que ce texte étoit une répétition; (cependant il est conservé par respect dans toutes les éditions chinoises).

2. La phrase ci-dessus a été tronquée et mutilée; la suite du texte manque. Ce qui reste n'en est seulement que la conclusion :

此句之上。別有闕文。此特其結語耳。

GLOSE DU KIANG-I-PI-TCHI, SUR LE SUPPLÉMENT DE TCHOU-HÍ.

Le caractère 今 *kīn* [*nunc*] indique que ce chapitre manquoit déjà du temps de TCHOU-TSEU; c'est lorsque l'ouvrage étoit conservé sur des tablettes de bambous qu'il se perdit.

閒 *kiān*, signifie ici *il y a peu de jours :* 近日。

mauvaises intentions des hommes. C'est ce qui s'appelle *connoître la racine* ou *la cause*.

Voilà le quatrième chapitre du Commentaire. Il explique ce que l'on doit entendre par *la racine et les branches* ou *la cause et les effets* *.

CHAPITRE V.

SUR LE DEVOIR DE PERFECTIONNER SES CONNOISSANCES MORALES EN PÉNÉTRANT LES PRINCIPES DES ACTIONS.

1. Cela s'appelle : *connoître la racine ou la cause.*
2. Cela s'appelle : *la perfection de la connoissance.*

Voilà ce qui reste du cinquième chapitre du Commentaire. Il expliquoit ce que l'on doit entendre par *perfectionner ses connoissances morales en pénétrant les principes des actions*; il est maintenant perdu **. Il y a quelque temps, j'ai essayé de recourir aux idées de

---

竊 取 *tsie tlsiù* [*excerpsi, cepi*], c'est s'associer, s'approprier les expressions. 程 子 TCHING-TSEU; c'est le célèbre et savant maître TCHING.

* Ce chapitre, dans les anciennes éditions, étoit placé fautivement après la phrase : 止 於 信, *Placer sa destination dans la pratique de la sincérité et de la fidélité* (p. 34). TCHÔU-HI.

** « Ce chapitre, dans les éditions anciennes, et tout le chapitre suivant, étaient placés fautivement à la suite du texte du *King*. » TCHÔU-HI.

Les deux phrases tronquées ci-dessus et le chapitre suivant occupent l'ordre qu'indique TCHÔU-HI, dans l'ancienne édition des *King*, intitulée 十 二 經 *chi-san-king*, les *treize King*, où le 大 學 *Tà hio*, forme le 60e *kiouan* du *Li-Ki*.

於　莫　而　靈　也　物　吾　物　謂　以
理　不　天　莫　蓋　而　之　者　致　補
有　有　下　不　人　窮　知　言　知　之
未　理　之　有　心　其　。　欲　在　曰
窮　惟　物　知　之　理　　　致　格　所
。　　　。　。　　　　　　　　　　

rum principia °. Porro hominis cordis °
intelligentia, haud non habet sciendi-
facultatem, et coelum infra [orbis]°
actiones, haud non habent principia.
Solummodo τὰ rerum - principia exis-
tentia nondum satis-investigata-fuerunt;

ad supplendum hoc [capitulum], dicens: id vocatur *ad-summum-apicem-*
perducere scientiam consistit-ad pe-
netrandum res, quod; significat: velle
ad-summum - apicem-perducere suî °
scientiam, consistit-ad investigandum
actiones et penitus-exhauriendum ea-

補之 *poù tchî* [*supplendum hoc*], c'est pour suppléer l'explication des termes 致知格物 *tchî tchî khe we,* *pénétrer les principes des actions en perfectionnant ou portant au dernier degré ses connoissances morales.*

致 *tchî,* c'est porter à l'extrême: 推致 *touï-tchî.* 知 *tchî,* c'est la connoissance, la *science naturelle et morale* de notre intelligence: 是吾心良知 。

卽 *tsi* [*investigandum*], c'est s'approcher très-près, se mettre en contact avec. Le caractère 物 *we* [*res*] est ici une expression fautive, inexacte. 窮 *khioûng* [*penitus - exhauriendum*], c'est faire des recherches, des investigations profondes des causes, des principes, c'est-à-dire des principes que l'on découvre dans les actions, lorsqu'on les examine, qu'on le scrute de près: 是 研究理卽物中之理也 。

Tching-tseu [autre commentateur du *Ta' hio*, un peu plus ancien que Tchôu-hî] pour suppléer à cette lacune, en disant :

Les expressions suivantes du texte : *Perfectionner ses connoissances morales consiste à pénétrer le principe et la nature des actions*, signifient que si nous désirons *perfectionner nos connoissances morales*, nous devons nous livrer à une investigation profonde des actions, et scruter à fond leurs principes ou leur raison d'être; car, l'intelligence spirituelle de l'homme n'est pas évidemment incapable de *connoître* [ou est adéquate à la *connoissance*]; et les êtres de la nature, ainsi que les actions humaines, ne sont pas sans avoir un principe, une cause ou une raison d'être*. Seulement ces prin-

---

靈 *ling* [*intelligentia*], c'est le principe immatériel qu'il désigne : 指 虛 靈 言。

知 *tchi* [*sciendi-facultatem*], c'est la science morale que l'on possède naturellement : 卽 本 然 之 良 知

物 *wè* [*actiones*, vulgo *res*], ce sont les actions de la vie : 是 事 物。

理 *li* [*rerum principia*], ce sont les principes des actions : 是 事 物 之 理。

未 窮 *wèi khioûng* [*nondum satis-investigata*], cette expression désigne un endroit qui n'a pas encore été assez examiné, pénétré, approfondi, épuisé : 是 未 考 究 到 盡 處。

* Le *Ji Kiang* s'exprime ainsi sur ce passage : « Le cœur ou le principe pensant de l'homme est éminemment immatériel, éminemment intelligent; il est « bien loin d'être dépourvu de tout savoir naturel, et toutes les actions humaines « sont bien loin de ne pas avoir une cause ou une raison d'être, également na- « turelle : 人 心 至 虛 至 靈 莫 不 有 本 然 之 知。而 天 下 萬 事 萬 物。無 不 有 當 然 之 理。

之	極	以	理	因	下	學	學	盡	故
久	至	求	而	其	之	者	始	也	其
而	於	至	益	已	物	即	教	是	知
一	用	乎	窮	知	莫	凡	必	以	有
旦	力	其	之	之	不	天	使	大	不

iis [quæ] ipse addidiscerat illa principia, et addat [iis] exhauriendo illa, in
quærendo perveniendi ad ipsius [scien-
tiæ] apicem. Pervenit ad usum [omni]
potentia, hoc diu, et uno mane....

ideo ejus sciendi-facultas est non exhausta enimvero. Quamobrem τὸ Tá-
hio [seu Magnum studium] exorditur
docendo : oportet efficere-ut studet,
qui, investiget quaslibet cœlum infra
[orbis]° actiones, haud non innitendo

不盡 *pou tsin* [*non exhausta*], c'est ne pas remplir la mesure de ses facultés naturelles.

始教 *chì kiáo* [*exorditur docendo*], c'est dès le début, dès le commencement enseigner aux hommes.

學者 *hio tche* [*studens*], il indique par cette expression les hommes qui se livrent à la grande étude: 指人大學之人。

已知 *kì tchì* [*quæ ipse addidiscerat*], il indique par cette expression ce que le principe de l'intelligence possède déjà d'une manière certaine: 指心固有者言。

益 *i* [*addat*], c'est un caractère qui a le sens d'ajouter de nouveau: 是更加意。

極 *ki* [*apicem*], c'est le point de l'investigation, de la pénétration la plus complète du principe des actions: 是理之盡處。

cipes, ces causes, ces raisons d'être n'ont pas encore
été soumis à d'assez profondes investigations. C'est pourquoi la science des hommes n'est pas complète, abso-
lue; c'est aussi pour cela que la *Grande Étude* commence par enseigner aux hommes que ceux d'entre eux
qui étudient la philosophie morale doivent soumettre
à une longue et profonde investigation les êtres de la
nature et les actions humaines; afin qu'en partant de
ce qu'ils savent déjà des principes des actions, ils puis-
sent augmenter leurs connoissances, et pénétrer dans
leur nature la plus intime *. En s'appliquant ainsi à exer-
cer toute son énergie, toutes ses facultés intellectuelles,

— 日 *i tán* [*uno mane*], cette expression indique le temps
qui suffit à l'intelligence pour comprendre et exprimer un objet:
就 覺 悟 時 言; c'est l'opposé du caractère 久 *kieou*,
longtemps.

* Le Commentaire *Ho Kiang* s'exprime ainsi: Il n'est pas dit [dans le texte
primitif] qu'il faut chercher à connoître, à scruter profondément les principes, les causes; mais il est dit qu'il faut chercher à apprécier parfaitement
les actions : 不 日 窮 理 而 日 格 物 者; en disant
qu'il faut chercher à connoître, à scruter profondément les principes, les causes, alors on entraine facilement l'esprit dans un chaos d'incertitudes inextri-
cables; en disant qu'il faut chercher à apprécier parfaitement les actions, alors
on conduit l'esprit à la recherche de la vérité: 言 窮 理 則 易
流 於 恍 惚。言 格 物 則 一 歸 於 眞
實。

Pascal a dit : « C'est une chose étrange que les hommes aient voulu com-
« prendre les principes des choses, et arriver jusqu'à connoître tout! car il est
« sans doute qu'on ne peut former ce dessein sans une présomption ou sans
« une capacité infinie comme la nature. »

豁然貫通焉，則衆物之表裏精粗無不到，而吾心之全體大用無不明矣。此謂物格，此謂知之至也。

crassiorem haud non attinget, et nostro animo hæ totæ essentiæ, maximopere usu-adhibitæ, haud non claræ[erunt]°. Illud dicitur : *rerum penetratio ;* hoc dicitur : *scientiæ° apex.*

.... aperte etiam omnino penetrat° [omnia principia penetrantur]; tunc omnium actionum° exteriorem-vestem, interiorem-vestem, essentiam-subtilem, materiam-

豁然 *hoe jăn* [*aperte etiam*], c'est ouvertement, clairement dans l'esprit : 是心中開豁. 貫通 *kouán thoăng* [*omnino penetrat*], c'est pénétrer complétement, saisir parfaitement : 是貫徹通達.

表 *piáo* [*exteriorem-vestem*], c'est la grande chaîne du principe des actions : 是理之大綱. 裏 *li* [*interiorem-vestem*], c'est la trame, ce sont les sections, les divisions du même principe : 是理之節目. 精 *tsíng* [*essentiam-subtilem*], c'est ce qu'il y a de plus subtil, de plus tenu dans les principes des actions : 是理之細微. 粗 *tsoŭ* [*materiam-crassiorem*], c'est ce qu'il y a de moins subtil, de moins profond dans les mêmes principes, ce qui est le plus facilement saisi : 是理之淺近. 無不到 *vŏu pou táo* [*haud non attinget*], c'est approfondir, saisir, comprendre parfaitement, pénétrer à fond : 是格得詳盡.

全體 *thsiouán thì* [*totæ essentiæ*], cette expression

pendant longtemps, on arrive un jour à avoir une connoissance, une compréhension intime des vrais principes des actions ; alors la nature intrinsèque et extrinsèque de toutes les actions humaines, leur essence la plus subtile, comme leurs parties les plus grossières, sont pénétrées ; et, pour notre intelligence ainsi exercée et appliquée par des efforts soutenus, tous les principes des actions deviennent clairs et manifestes. Voilà ce qui est appelé : *La pénétration des principes des actions ;* voilà ce qui est appelé : *La perfection des connoissances morales.*

---

désigne tous les principes des actions : 以 具 衆 理 言. 大 用 *tá yoúng* [*maximopere usu-adhibitæ*], cette expression signifie ce qui correspond, qui est relatif à toutes les actions : 以 應 萬 物 言.

此 *thseù* [*illud*], indique et désigne la phrase : 衆 物 [etc. *jusqu'à* 不 致], *la nature extrinsèque et intrinsèque de toutes les actions humaines*, etc.

Le second caractère 此 *thseù* [*hoc*], indique et désigne la phrase 吾 心 [etc. jusqu'à 無 不 明], *et pour notre intelligence ainsi exercée*, etc.

4

君子必愼其獨　此之謂自謙故　惡臭。如好好色。　毋自欺也如惡　所謂誠其意者¹

搶其不善而著　君子而后厭然　善無所不至見　小人²閒居爲不　也。

1. Id dicitur *verificare suam intentionem*, - quod : [est] haud semetipsum decipere quidem : sicut aversatur malus fœtor; sicut amatur amabilis forma [seu color]. Hoc ipsum dicitur sibi satisfacere. Quamobrem principis filius debet invigilare suo interiori quidem.

2. Parvus [*seu* vulgaris] homo solitudine versans, facit non proba; nec-est ad-quod non perveniat. Videt principis filium et postea ficte-sese-componens quidem, occultat suam non probitatem, et ostendit : ....

SUITE DU COMMENTAIRE DE TCHOÛ-HÎ.

1. Les deux premiers caractères 惡 *oú* et 好 *háo*, sont tous deux au ton *kiú*. 謙 dans la lecture est pris pour 慊; il se prononce *khie*.

L'expression 誠其意者 *tchíng khí i-tchè* [*verificare suam intentionem, quod*] est le commencement du *perfectionnement de soi-même.* — Le caractère 毋 *woú* [*haud*] est une particule qui exprime l'ordre de s'arrêter (c'est une *particule négative*). — Par les mots 自欺 *tseú khí* [*semetipsum decipere*], on veut dire qu'il faut savoir pratiquer le bien ou la vertu, afin de fuir le mal ou le vice, et ne pas s'en rapporter aux inspirations ou penchants du cœur, en les regardant toujours comme la vérité: 知爲善以去惡。而心之所發有未實也。

CHAPITRE VI.

1. Les expressions : *Rendre ses intentions pures et sincères,* signifient : Ne dénature point tes inclinations droites, comme celles de fuir une odeur désagréable, et d'aimer un objet agréable et séduisant. C'est ce qui est appelé la satisfaction de soi-même. C'est pourquoi le sage veille attentivement sur ses intentions et ses pensées secrètes.

2. Les hommes vulgaires qui vivent à l'écart et sans témoins commettent des actions vicieuses ; il n'est rien de mauvais qu'ils ne pratiquent. S'ils voient un homme sage qui veille sur lui-même, ils feignent de lui ressembler, en cachant leur conduite vicieuse et en faisant parade d'une vertu simulée. L'homme qui les voit est

---

謙 *khie* [*satisfacere*], c'est éprouver de la joie, de la satisfaction ; avoir le suffisant. — Le caractère 獨 *tou* [*interiori*] exprime ce que les hommes ne connoissent pas, mais qui est un lieu que soi-même on connoît seul. Ce qui signifie que celui qui désire *se perfectionner lui-même* doit savoir pratiquer la vertu, afin d'éloigner de lui tout ce qu'il a de vicieux ; alors il doit employer toutes ses forces pour connoître la vérité et mettre un terme à tout ce qui l'induit en erreur. S'il fait en sorte de reconnoître comme mauvais et vicieux ce qu'il a de mauvais et de vicieux, alors il sera dans les mêmes conditions naturelles que s'il *trouvoit mauvaise une mauvaise odeur ;* (s'il fait en sorte) d'aimer le bien ou la vertu, il sera dans les mêmes conditions naturelles que s'il *aimoit un objet agréable.* Tout consiste à faire ses efforts pour arriver à un but déterminé par la volonté, et en le cherchant

4.

其善人之視己，如見其肺肝然，則何益矣。此謂誠於中形於外，故君子必慎其獨也。

³曾子曰：十目所視，十手所指，其嚴乎。

⁴富潤屋，德潤身

---

interiori⁰.

3. Thseng-tseu dicebat: Decem oculi id-quod conspiciunt, decem manus id-quod digito-monstrant : illud cavendum proh!

4. Divitiæ ornant habitationem; virtus ornat corpus [*seu* personam] ....

.......suam [falsam] virtutem. Homines hoc perspiciunt isto, ac-si *oculis*-viderent ejus viscera, jecur etiamnum; tunc quid proficit⁰? Hoc dicitur : «Verum in medio [interiori]; forma in exteriori.»([...])

Ideo principis filius debet invigilare suo

---

on doit l'atteindre; par ce moyen on fait ce qui convient, ce qui suffit à soi-même. On ne peut agir sans principe et sans règle, avec nonchalance et incurie, en tout ce qui s'étend au dehors, et être homme. Ainsi, pour ce qui concerne le vrai du non vrai (ou la vérité de l'erreur), il y a des hommes qui ne parviennent pas à les reconnoître, à les distinguer, et ceux-là cessent de se connoître intérieurement. C'est pourquoi il faut veiller attentivement sur son intérieur, afin d'en discerner tous les mouvements.

2. 閒 se prononce *hián*. 厭, Tching-chi l'écrit avec le radical 黑.

閒居 *hián kiú* (*solitudine versans*), demeurer dans la solitude : 獨處也. 厭然 *yán ján* [*ficte-sese-componens quidem*], apparence d'un homme qui fait des efforts pour cacher ce qui se décèle partout. Ce qui signifie que les hommes vulgaires sont vicieux en secret, et qu'au grand jour ils désirent déguiser leurs vices; alors c'est ne pas connoître le vrai et le faux; c'est comme s'il pénétroit leur foie et leurs reins; alors à quoi leur a-t-il servi de dissimuler? C'est là ce que l'on entend par le proverbe : *la vérité est dans l'intérieur, la forme à l'extérieur.* C'est pourquoi le sage doit veiller attentivement sur ses intentions et ses pensées secrètes.

3. THSÈNG-TSEU a dit : « De ce que dix yeux le regardent, de ce que dix mains le désignent, combien n'a-t-il pas à redouter, ou à veiller sur lui-même !

4. Les richesses ornent et embellissent une maison, la vertu orne et embellit la personne; dans cet état de félicité pure, l'ame s'agrandit, et la substance matérielle qui lui est soumise profite de même. C'est pourquoi le sage doit *rendre ses intentions pures et sincères.*

---

ne pas savoir que la vertu doit être pratiquée et que le vice doit être évité : 則 是 非 不 知 善 之 當 爲。與 惡 之 當 去 也. Seulement ceux qui agissent ainsi ne peuvent pas véritablement employer toutes leurs forces pour arriver à cette condition (de perfectionnement désiré). Ainsi ils veulent déguiser leurs vices, et à la fin ils ne peuvent pas les déguiser ; ils veulent faire croire faussement qu'ils pratiquent la vertu, et à la fin ils ne peuvent réellement le faire croire : alors, à quoi leur a-t-il servi de dissimuler? Ce que le sage estime à un haut prix, le regardant comme une règle de conduite, c'est le devoir de veiller attentivement sur ce qui se passe intérieurement en nous.

3. Cette citation est ici introduite pour éclaircir le sens du texte qui précède. Elle signifie que, quoique l'on soit dans l'isolement ou la solitude, ses vertus et ses vices ne peuvent être dissimulés ou cachés. D'après cela, pourquoi craindre que la vérité soit connue !

4. 胖 se prononce *pân.*

好不正忿其所　　　子心
樂得有懷心謂釋右必廣
則其所則者誠之誠體
不正恐不身意身六其胖
得有懼得有在章意故
其所則其所正　君

cando suum cor, quod: corpus habeat quod ira temere-irascatur, tunc non obtinebit suam rectitudinem; habeat quod timore immoderate-timeat, tunc non obtinebit suam rectitudinem; habeat quod gaudio temere-gaudeat, tunc non obtinebit suam..........

............................Corde lato, substantia dilatatur. Ideo principis filius debet verificare suam intentionem.

Dextrorsum Commentarii° sextum capitulum explicans [τὸ] verificare intentionem*.

1. Id dicitur recte-componere. [seu emendare] corpus consistit in rectifi-

胖 *pán [dilatatur]* signifie s'épanouir tranquillement. Ce qui veut dire que si l'on est *riche, fortuné,* alors on peut *orner et embellir son habitation;* que si l'on est *vertueux,* alors on peut *orner et embellir sa personne.* C'est pourquoi le cœur n'éprouvant aucune honte; alors il est ouvert, expansif, plein de libéralité, égal, et sa substance ou ses facultés naturelles s'épanouissent et se développent continuellement; il en est de même pour la vertu qui orne et embellit la personne; or, *la réalité de la vertu est à l'intérieur, et la forme à l'extérieur,* est conforme à ce principe. C'est pourquoi on le répète pour faire ressortir les rapports de liaison qu'ils ont entre eux.

* « Il est dit dans le *King: Désirant rendre ses intentions pures et sincères, ils s'attachoient d'abord à perfectionner au plus haut degré leurs connoissances morales.* Il est encore dit: *Les connoissances morales étant portées au plus haut degré, les intentions sont ensuite rendues pures et sincères.* Or l'essence propre de l'intelligence est d'être éclairée; s'il existe en elle des facultés qui ne soient pas

Voilà le sixième chapitre du Commentaire. Il explique ce que l'on doit entendre par *rendre ses intentions pures et sincères*.

CHAPITRE VII.

SUR LE DEVOIR DE SE PERFECTIONNER SOI-MÊME EN PÉNÉTRANT
SON ÂME DE PROBITÉ ET DE DROITURE.

1. Ces paroles : *Se corriger soi-même de toutes passions vicieuses consiste à donner de la droiture à son âme*, veulent dire : Si l'âme est troublée par la passion de la colère, alors elle ne peut obtenir cette *droiture*; si l'âme est livrée à la crainte, alors elle ne peut obtenir cette *droiture*; si l'âme est agitée par la passion de la joie et du plaisir, alors elle ne peut obtenir cette *droiture*; si l'âme est accablée par la douleur, alors elle ne peut obtenir cette *droiture*.

---

1. Tching-tseu a dit que le caractère 身 *chin* [*corpus*], de la locution 身有 *chín-yéou* [*corpus habeat*], doit s'écrire 心 *sín* [*cor intelligentiæ principium*]. 念 se prononce *fèn*. 懥 se prononce *tchí*. 好 *háo* et 樂 *ló* sont au ton *kúú*.

encore développées, alors ce sont ces facultés qui sont mises au jour par le perfectionnement des connoissances morales; il doit donc y avoir des personnes qui ne peuvent pas véritablement faire usage de toutes leurs facultés, et qui, s'il en est ainsi, se trompent elles-mêmes. De cette manière, quelques hommes sont éclairés par eux-mêmes, et ne font aucun effort pour devenir tels; alors ce sont ces hommes qui éclairent les autres; en outre, ils ne cessent pas de l'être, et ils n'aperçoivent aucun obstacle qui puisse les empêcher d'approcher de la vertu. C'est pourquoi ce chapitre sert de développement au précédent pour rendre cette vérité évidente. Ensuite il y aura à examiner le commencement et la fin de l'usage des facultés, et à établir que leur ordre ne peut pas être troublé, et que leurs opérations ne peuvent pas manquer de se manifester. C'est ainsi que le philosophe raisonne. Tchóu-ni.

其 此 食 不² 心 不 正
釋 右 心 謂 而 見 不 得 有
正 傳 心 修 聽 不 其 所
心 之 身 而 焉 正 憂
修 七 在 不 而 患
身 章 正 知 視 則
　　　味 而
　　　聞

正。有所憂患則
不得其正。²心
不在焉視而
不見聽而不聞
食而不知其味
此謂修身在正
其心。
右傳之七章。
釋正心修身。

Hoc dicitur [τὸ] *recte-componere corpus consistit in rectificando suum cor.*
Dextrorsum Commentarii ° septimum capitulum, explicans [τὸ] *rectificando cor recte-componitur corpus.*

...: rectitudinem; habeat quod tristitia temere-afficiatur, tunc non obtinebit suam rectitudinem.

2. Cor non constans-sibi °; aspicit et non videt; auscultat et non audit; manducat et non noscit ejus [cibi] saporem.

L'expression 忿懥 *fěn tchi* [*ira temere-irascatur*], signifie se livrer à des mouvements de colère. Or les quatre états exprimés dans le texte, sont des attributs (des passions du cœur), 心之用 *sīn tchi yoûng,* dont les hommes ne peuvent pas se dépouiller entièrement. Ainsi, parmi eux, il en est qui ne peuvent pas les surveiller attentivement; alors ils désirent que leurs mouvements passionnés, leurs penchants impétueux soient réprimés et subjugués; mais ils favorisent toujours ces penchants de leur cœur en marchant dans la même voie; d'autres ne peuvent pas s'empêcher de perdre leur *droiture du cœur.*

2. Si le cœur n'est point constant dans ses résolutions, 心有不存 *sīn yeoù pou tsūn,* alors il empêche d'avoir une conduite droite et réglée. C'est pourquoi le sage doit veiller attentivement sur sa personne et avoir la plus grande sollicitude pour la maintenir toujours dans la droiture et la vérité. De cette manière il arrivera que le cœur sera toujours maître de lui-même, et la personne ne sera pas dépourvue du perfectionnement moral désiré: 然後此心常存而身無不修也。

2. L'âme n'étant point maîtresse d'elle-même, on regarde et on ne voit pas; on écoute et on n'entend pas; on mange et on ne connoît point la saveur des aliments. Cela explique pourquoi l'action de *se corriger soi-même de toutes passions vicieuses consiste dans l'obligation de donner de la droiture à son âme.*

Voilà le septième chapitre du Commentaire. Il explique ce que l'on doit entendre par *se corriger soi-même de toute habitude, de toutes passions vicieuses, en donnant de la droiture à son ame* *.

* Ce chapitre se rattache aussi au précédent, afin d'en lier le sens à celui du chapitre suivant. Or, *les intentions étant rendues pures et sincères,* alors la vérité est sans mélange d'erreur, le bien sans mélange du mal, et l'on possède véritablement la vertu. Ce qui peut la conserver dans l'homme, c'est le cœur ou la faculté intelligente dont il est doué pour dompter ou maintenir son corps. Quelques-uns ne savent-ils pas seulement rendre leurs intentions pures et sincères, sans pouvoir examiner soigneusement les facultés de l'intelligence qui sait les conserver telles ? alors ils ne possèdent pas encore la vérité intérieurement, et ils doivent continuer à améliorer, à perfectionner leurs personnes.

Depuis ce chapitre jusqu'à la fin, tout est parfaitement conforme aux anciennes éditions. Tchoũ-hi.

知	而	焉	其	畏	而	焉	其	修	所
其	辟	之	所	敬	辟	之	所	其	謂
惡	焉	其	哀	而	焉	其	親	身	齊
惡	故	所	矜	辟	之	所	愛	者	其
而	好	敖	而	焉	其	賤	而	人	家
知	而	惰	辟	之	所	惡	辟	之	在

in illis quos reverentur venerantur*que*, item a-recto-deflectunt°; in illis quorum miserentur, miserescunt*que*, item a-recto-deflectunt°; in illis quos humilius-tractant despiciunt*que*, item a-recto-deflectunt quidem. Propterea ament et agnoscant corum vitia; aversentur et agnoscant.....

1. Id dicitur recte-ordinare suam familiam, consistit-in recte-componendo [seu emendando] suum corpus; -quod: [hoc est:] homines in his quos propinquitatis-amore-amant diligunt*que*, tum a-recto-deflectunt°; in illis quos vilipendunt oderunt*que*, item a-recto-deflectunt°;

1. 辟 se lit pour 僻. 惡 *ou*, 敖 *ngào* et 好 *hào* sont tous au ton *kiù*. 鮮 *hiàn* est au ton *chàng*.

Par le caractère 人 *jîn* [*homines*] on entend la foule des hommes : 衆 人. La particule 之 *tchî* [*in*] se prend ici comme 於 *iù*, *in*, *ad*, envers. 辟 *phie* [*a-recto-deflectunt*], a le sens de 偏 *phian*, avoir de la partialité pour quelqu'un. Les cinq dispositions (exprimées dans le pragraphe ci-dessus) sont inhérentes au cœur des hommes. Au fond, elles ont une raison d'être qui est naturelle et constitutive; ce sont des penchants, des affections qui lui sont propres. Seulement quand on les laisse suivre leur direction et qu'on ne les surveille pas avec une attention soutenue et réitérée, alors on doit tomber dans une partialité injuste; et *la personne n'est point corrigée ou améliorée.*

CHAPITRE VIII.

1. Ce que signifient ces mots : *Mettre le bon ordre dans sa famille consiste auparavant à se corriger soi-même de toutes passions vicieuses*, le voici : Les hommes sont partiaux envers leurs parents et ceux qu'ils aiment; ils sont aussi partiaux, ou injustes, envers ceux qu'ils méprisent et qu'ils haïssent; envers ceux qu'ils respectent et qu'ils révèrent, ils sont également partiaux, ou serviles; ils sont partiaux, ou trop miséricordieux* envers ceux qui inspirent la compassion et la pitié; ils sont aussi partiaux, ou hautains envers ceux qu'ils traitent avec supériorité. C'est pourquoi, aimer et reconnaître les défauts de ceux que l'on aime; haïr et reconnaître les bonnes qualités de ceux que l'on hait, est une chose bien rare sous le ciel**!

---

* C'est le sens que donnent les commentateurs chinois. L'*Explication* du *Kiang-i-pi-tchi* dit : « Envers les hommes qui sont dans la peine et la misère, « qui sont épuisés par la souffrance, quelques-uns s'abandonnent à une exces- « sive indulgence, et ils sont *partiaux* : 於 其 窮 困 之 人 爲 所 哀 矜。或 流 於 姑 息 而 辟 焉。

** Le *Ji-Kiang* s'exprime ainsi sur ce chapitre: « THSENG-TSEU dit; ce que le saint Livre (le Texte de KAOUNG-TSEU) appelle *mettre le bon ordre dans sa famille consiste auparavant à se corriger soi-même de toutes passions vicieuses*, signifie que la personne étant le fondememt, la base de la famille, celui qui veut *mettre le bon ordre dans sa famille* doit savoir que tout consiste dans les sentiments d'amitié et d'aversion, d'amour et de haine qui sont en nous, et qu'il s'agit seulement de ne pas être *partial* et injuste dans l'expression de ces sentiments : 欲 齊 家 者。全 在 吾 身 之 好 惡。不 至 偏 辟 耳。 L'homme se laisse toujours naturel-

其美者天下鮮
矣°
故²諺有之曰人
莫知其子之惡°
莫知其苗之碩°
此³謂身不修不
可以齊其家°
右傳之八章°
釋修身齊家°

composito non posse recte-ordinare suam familiam.

Dextrorsum Commentarii° octavum capitulum, explicans [τὸ] recte-componendo corpus recte-ordinatur familia.

.... eorum bona, qui: cœlum infra rari enimvero.

2. Ideo proverbium habetur hoc dicens: « Homines non agnoscunt suorum filiorum° vitia; — non agnoscunt suorum agrorum° fertilitatem. »

3. Hoc dicitur: Corpore non recte-

2. 諺 se prononce *yán*. 碩 *tchi*, pour s'accorder avec la rime se prononce *cho*.

諺 *yán*, exprime une locution proverbiale. Ceux qui s'abandonnent aux sentiments d'amour et d'affections sont aveu-

lement entraîner aux sentiments qui naissent en lui, et s'il est dans le sein d'une famille, il perd promptement la règle de ses devoirs naturels. C'est pourquoi, dans ce qu'il aime et dans ce qu'il hait, il arrive aussitôt à la *partialité* et à *l'injustice*, et *sa personne n'est point corrigée et améliorée.* »

« Ces expressions, dit-il encore, 親愛。畏敬。哀矜。 [*propinquitatis-amore-amant, diligunt; reverentur, venerantur; miserescunt, miserescunt*] expriment toutes des sentiments de tendresse et d'affection : 皆好也。 Celles-ci 賤惡敖惰。 [*vilipendunt, oderunt; humilius-tractant, despiciunt*], expriment toutes des sentiments d'aversion ou de haine : 皆惡也。 Si on se laisse une fois aller à la *partialité*, alors les sentiments *d'affection* et *d'aversion* perdent aussitôt leur *rectitude*, leur *droiture.* »

2. De là vient le proverbe qui dit : *Les pères ne veulent pas reconnaître les défauts de leurs enfants, et les laboureurs la fertilité de leurs terres.*

3. Cela prouve qu'un homme qui ne s'est pas *corrigé lui-même de ses penchants injustes* est incapable *de mettre le bon ordre dans sa famille.*

Voilà le huitième chapitre du Commentaire. Il explique ce que l'on doit entendre par *mettre le bon ordre dans sa famille, en se corrigeant soi-même de toute habitude, de toutes passions vicieuses.*

---

glés par leurs passions : 不 明 ; ceux qui désirent ardemment obtenir un objet, ne laissent aucun frein à leurs désirs ; c'est alors que, dans leur *partialité*, ils commettent des injustices, et qu'ils négligent d'entretenir l'ordre dans leurs familles :

貪 得 者 無 厭。是 則 偏 之 爲 害。而
家 之 所 以 不 齊 也。

康誥所以教子人不齊所
語所以事於不者可其謂
曰以事君不者無教家治
如使長也國出而家國
保眾也弟孝之而者必
赤也慈者所故君教其先

quæ : id-quo utitur-ad serviendum principi
quidem; fraternitas, quæ : id-quo utitur-
ad serviendum majoribus quidem ; benignitas, quæ : id-quo utitur-ad tractandum
multitudines quidem.

2. *Khang-kao* ait : « Sicut amplectitur
[mater] rubrum. . . . .

1. Id dicitur : [ad] recte-gubernandum
regnum, oportet prius recte - ordinare
suam familiam, -quod : [est] suam familiam non valens perdocere, attamen possit
perdocere homines, qui ; non hoc. Idcirco
principis filius non exit familia, et perficit
institutum in regno. Filialis-observantia,

1. 弟 *ti'* est au ton *kiŭ.* 長 *tchàng* est au ton *chàng.*

Si l'on *corrige ou perfectionne moralement sa personne,* alors
la famille peut être bien instruite (par l'exemple). 孝, 弟,
慈 *hiáo, ti', thséu* [*filialis-observantia, fraternitas, benignitas*]
sont les vertus qui servent à *corriger ou perfectionner moralement
sa personne et à bien instruire sa famille.* C'est en agissant ainsi
que le royaume sert bien le prince et les autres supérieurs, que
l'on fait en sorte que la foule du peuple ne sorte pas de cette voie
droite ; c'est en cela que la famille est bien réglée par les supérieurs, et que l'instruction se perfectionne chez les inférieurs.

2. Le caractère 中 *tchoŭng* est au ton *kiŭ.*

On cite ici le *Chou* [*King*] ou le *Livre des Annales* et on explique la citation. En outre on met en lumière la base fondamentale
qui sert à établir une bonne et solide instruction, sans supposer
de violence dans la pratique. Cette instruction consiste dans une
connoissance claire et approfondie de son principe et dans son
application la plus étendue.

CHAPITRE IX.

———

1. Les expressions du texte : *Pour bien gouverner un royaume, il est nécessaire de s'attacher auparavant à mettre le bon ordre dans sa famille,* peuvent s'expliquer ainsi : il est impossible qu'un homme qui ne peut pas instruire sa propre famille, puisse instruire les hommes. C'est pourquoi le fils de prince *, sans sortir de sa famille, se perfectionne dans l'art d'instruire et de gouverner un royaume. La piété filiale est le principe qui le dirige dans ses rapports avec le souverain ; la déférence est le principe qui le dirige dans ses rapports avec ceux qui sont plus âgés que lui ; la bienveillance la plus tendre est le principe qui le dirige dans ses rapports avec la multitude **.

2. Le *Khang-Kao* dit : « Il est comme une mère qui embrasse tendrement son nouveau-né. » Elle s'efforce de

---

* La glose du *Kiang-i-pi-tchi* dit que c'est le fils d'un prince possédant un royaume qui est ici désigné : 君子。指有國之君子。

** En dégageant complétement la pensée du philosophe de sa forme chinoise, on voit qu'il assimile le gouvernement de l'État à celui de la famille, et qu'à ses yeux, celui qui possède toutes les vertus exigées d'un chef de famille, possède également toutes les vertus exigées d'un souverain. C'est aussi ce que dit le *Commentaire impérial (Ji-Kiang)* : « Ces trois vertus : la *piété filiale*, la « *déférence* envers les frères aînés, la *bienveillance* ou l'affection pour ses pa-« rents, sont des vertus avec lesquelles le prince orne sa personne, tout en ins-« truisant sa famille ; elles sont généralement la source des bonnes mœurs, et « en les étendant, en en faisant une grande application, on en fait par con-« séquent la règle de toutes ses actions. Voilà comment le fils de prince, sans « sortir de sa famille, se forme dans l'art d'instruire et de gouverner un « royaume. »

子 心 誠 求 之 雖
有 學 養 子 而 后
嫁 者 也。
一 家 仁 一 國
仁。一 家 讓 一 國
與 讓 一 人 貪 戾
一 國 作 亂 其 機
如 此 此 謂 一 言
僨 事 一 人 定 國

tatem-colens, toto regno excitabit civilita-
tem; unicus homo cupiditate, turpi-lucro-
fœdatus, toto regno faciet perturbationem.
Horum mutua-ratio sicut hoc. Hoc dicitur:
Unum verbum perdit negotium; unus
homo firmat regnum.

............filiolum, » corde perfecte
inquirit in-illum; etsi non assequatur, non
longe - aberrat quidem. Nunquam fuit dis-
cens nutrire filium et deinde nupserit, quæ,
profecto *.

3. Unica familia humana, toto regno
excitabit humanitatem; unica familia civili-

---

3. 僨 se prononce *fén*.

一 人 *i jîn* [*unicus homo*], on entend par là un prince :
君 也. 機 *kî* [*mutua-ratio*], c'est d'où provient l'inspiration
et le mouvement. 僨 *fén* [*perdit*] signifie perdre, gâter. Ce
qui veut dire qu'une instruction de famille parfaite, est imitée
par tout un royaume.

* Le *Commentaire impérial* (*Ji-Kiang*) s'exprime ainsi sur ce passage : « Au-
« trefois WOU-WANG écrivit un livre pour donner des avertissements à KANG-
« CHOU (son frère cadet qu'il envoyoit gouverner un État dans la province
« du *Ho-nan*); il dit : Si l'on exerce les fonctions de prince, il faut aimer,
« chérir les cent familles (tout le peuple chinois) comme une tendre mère
« aime et chérit son jeune enfant au berceau, » Or, dans les premiers temps
que son jeune enfant vient de naître, chaque mère ne peut pas apprendre par
des paroles sorties de sa bouche ce que l'enfant désire; la mère qui, par sa
nature, est appelée à lui donner tous ses soins et à ne lui laisser manquer de
rien, s'applique avec la plus grande sincérité du cœur, et beaucoup plus sou-

toute son ame à prévenir ses désirs naissants ; si elle ne les devine pas entièrement, elle ne se méprend pas beaucoup sur l'objet de ses vœux. Il n'est pas dans la nature qu'une mère apprenne à nourrir un enfant pour se marier ensuite.

3. Une seule famille, ayant de l'humanité et de la charité, suffira pour faire naître dans la nation ces mêmes vertus de charité et d'humanité ; une seule famille, ayant de la politesse et de la condescendance, suffira pour rendre une nation condescendante et polie ; un seul homme, le prince*, étant avare et cupide, suffira pour causer du désordre dans une nation. Tel est le principe ou le mobile de ces vertus et de ces vices. C'est ce que dit le proverbe : « Un mot perd l'affaire ; un homme détermine le sort d'un empire.

---

vent qu'il est nécessaire, à chercher à savoir ce qu'il désire, et elle le trouve ensuite. Il faut qu'elle cherche à savoir ce que son enfant désire, et quoiqu'elle ne puisse pas toujours réussir à deviner tous ses vœux, cependant son cœur est satisfait, et le cœur de son enfant doit aussi être satisfait ; ils ne peuvent pas s'éloigner l'un de l'autre. Or, le cœur de cette mère, qui chérit ainsi son jeune enfant au berceau, le fait naturellement, et de lui-même ; toutes les mères ont les mêmes sentiments maternels ; elles n'ont pas besoin d'attendre qu'on les instruise de leur devoir pour pouvoir ainsi aimer leurs enfants. Aussi n'a-t-on jamais vu dans le monde qu'une jeune femme apprenne d'abord les règles des soins à donner à un jeune enfant au berceau, pour se marier ensuite. Si l'on sait une fois que les tendres soins qu'une mère prodigue à son jeune enfant lui sont ainsi inspirés par ses sentiments naturels, on peut savoir également que ce sont les mêmes sentiments de tendresse naturelle qui doivent diriger un prince dans *ses rapports avec la multitude. N'en est-il pas de même dans ses rapports avec le souverain et avec ses aînés ? Alors, c'est ce qui est dit que, sans sortir de sa famille, on peut se perfectionner dans l'art d'instruire et de gouverner un royaume.* »

* « Par *un seul homme* on indique le *Prince* : 一 人 指 君 言. Le caractère 貪 *thàn*, signifie : désirer ardemment, passionnément, la possession d'une chose, convoiter ; 戾 *li*, c'est s'opposer aux principes de la raison, de la justice et de l'humanité. » (*Glose.*)

堯舜師天下以
仁而民從之
紂師天下以暴
而民從之其所
令反其所好而
民不從是故君
子有諸己而后
求諸人無諸己
而后非諸人所
藏乎身不恕而

4. Yao, Chun gubernarunt cœlum infra cum humanitate, et populus secutus-est illos. Kie, Cheou gubernarunt cœlum infra cum crudelitate, et populus secutus-est illos. Ea quæ mandaverant, contrariaerant iis quæ amabant, et populus non

obsequebatur. Hac-de causa principis filius habeat in semetipso et postea quærat ex hominibus. Non-habens in semetipso, tum postea non [quærat] ex hominibus. Quod tegens in persona, non sincerum, et.............................

4. 好 *háo* est au ton *kiù.*

Ce paragraphe ajoute encore à l'explication du texte précédent où il est dit qu'*un homme détermine le sort d'un empire.* Ayez de la vertu en vous-mêmes, ensuite vous pourrez vous enquérir de la vertu des autres hommes : 有善於己。然後可以責人之善。

N'ayez point de vices en vous-mêmes, et ensuite vous pourrez rectifier les vices des autres hommes : 無惡於己。然後可以正人之惡。 Dans toutes ces actions, il faut commencer par soi pour arriver aux autres hommes ; c'est ce que l'on appelle *traiter les autres comme on voudroit être traité soi-même :* 恕也 *chóu yè**. S'il n'en est pas ainsi, alors ce

* Telle est la force et l'étendue de la signification du caractère 恕 *chóu,* composé du radical 心 *sín, cœur,* et du groupe additionnel et phonétique 如 *jou, comme.* Le 說文 *Chouë-wen* définit ce caractère par celui de

4. YAO et CHUN gouvernèrent l'empire avec humanité, et le peuple les imita. KIE et TCHEOU* gouvernèrent l'empire avec cruauté, et le peuple les imita. Ce que ces derniers ordonnoient étoit contraire à ce qu'ils aimoient, et le peuple ne s'y soumit pas. C'est pour cette raison que le prince doit lui-même pratiquer toutes les vertus et ensuite engager les autres hommes à les pratiquer. S'il ne les possède pas et ne les pratique pas lui-même, il ne doit pas les exiger des autres hommes. Que n'ayant rien de bon, rien de vertueux dans le cœur, on puisse être

que l'on recommande de pratiquer est contraire à ce que l'on aime, et le peuple n'obéit pas.

喻 iú [*promulgare*], c'est enseigner, instruire.

仁 *jin*, humanité, amour du prochain. Le Commentaire de cet ancien Dictionnaire ajoute : « Celui qui est humain, bienveillant envers les autres, doit « être à leur égard comme il voudroit que l'on fût envers lui, et agir ensuite « conformément à ces principes : 仁 者 必 恕 而 後 行 也。»

On ne peut pas formuler d'une manière plus concise que ne le fait Tchoū-hī, ce grand principe d'éternelle morale qui renferme en lui seul tous les autres. Cette maxime se trouve répétée sous plusieurs formes dans le 中 庸 *Tchoūng-yoūng* et le 論 語 *Lūn-yú*, ainsi que dans les écrits des autres philosophes chinois. « TSEU-KOUNG (un des disciples de KHOUNG-TSEU) dit : Ce que « je ne désire pas que les hommes me fassent, je désire également ne pas le « faire aux hommes 我 不 欲 人 之 加 諸 我 也。 吾 亦 欲 無 加 諸 人. Le philosophe lui répondit : Jeune homme! vous n'avez pas encore atteint ce point de perfection. » (*Lūn-yú, Kiouan* 3, fol. 5, recto)

* On peut voir ce qui a été dit de ces souverains de la Chine, dans notre *Résumé de l'histoire et de la civilisation chinoises, depuis les temps les plus anciens jusqu'à nos jours*, pages 33 et suivantes, et pages 61, 70. On peut aussi y recourir pour toutes les autres informations historiques que nous n'avons pas cru devoir reproduire ici.

5.

能喻諸人者未
之有也。
[5]故治國。在齊其
家。
[6]詩云。
桃之夭夭。
其葉蓁蓁。
之子于歸。
宜其家人。
宣其家人而后

pulchra, pulchra ; — ejus folia florida, florida. — Hoc, filia in transeundo ; — conveniens - præstat suæ familiæ hominibus. » Conveniens - præstet suæ familiæ hominibus, et deinde. . . . .

. . . possit promulgare coram hominibus, qui ; nondum hoc fuit quidem.

5. Idcirco recte-gubernare regnum consistit-in recte-ordinando suam familiam.

6. Carmen ait : « Malus - persica, illa

---

5. Cette dernière phrase du paragraphe le rattache au Texte précédent.

6. 夭 *yao* est au ton *píng*. 蓁 se prononce *tchín*.

Livre des vers, ode *Tao yao* [I, 16] des *Tchéou-nán.* 夭夭 *yaó yaó* [*pulchra, pulchra*], qui a un aspect agréable. 蓁蓁 *tchín tchín* [*florida, florida*], qui a une apparence de plénitude et de beauté, un aspect florissant, majestueux : 興也. 之子 *tchí tseù* [*hoc, filia*], c'est comme si l'on disoit : 是子 *chí tseù*, c'est une fille. Cette expression indique une jeune fille qui se marie ou qui devient *femme de ménage :* 此指女子之嫁者而言. Une femme mariée que l'on nomme *Kia, femme de ménage*, est appelée *Kouéi : passée à la demeure de l'époux :* 婦人謂嫁曰歸.

宣 *í* [*conveniens-præstat*] a le sens de pratiquer les choses vertueuses et convenables : 猶善也.

capable de commander aux hommes ce qui est bon et vertueux, cela est impossible et contraire à la nature des choses!

5. C'est pourquoi *le bon gouvernement d'un royaume consiste dans l'obligation préalable de mettre le bon ordre dans sa famille.*

6. Le Livre des vers dit :

« Que le pêcher est beau et ravissant!
« Que son feuillage est fleuri et abondant!
« Telle une jeune fiancée se rendant à la demeure de son époux,
« Et se conduisant convenablement envers les personnes de sa famille *! »

Conduisez-vous convenablement envers les personnes de votre famille, ensuite vous pourrez instruire et diriger une nation d'hommes.

---

* Le *Commentaire impérial* explique ainsi ces deux derniers vers : « *Telle* « *une jeune fiancée se rendant à la demeure de son époux*, ce vers désigne une « jeune fiancée qui, dans ce temps-là, se rendoit sur un char à la demeure de « son époux 之子于歸。言女子乘此時 而歸於夫家也. « *Se conduisant convenablement envers* « *les personnes de sa famille;* en n'ordonnant que des actions vertueuses et di- « gnes aux personnes de sa famille, il arrive que ces mêmes personnes ne « pratiquent que des choses convenables 宣其家人。言有 令德以善一家之人。而無不相 宣也。

Le même Commentaire continue ainsi : « Le sens de ces vers du 詩經 *Chi-king*, appliqué aux hommes en général, quoiqu'on n'y désigne que l'action morale de la jeune fiancée, est que celui qui exerce les fonctions de prince, s'il peut *instruire sa famille en améliorant sa personne*, doit en même temps se conduire convenablement envers les personnes de sa famille, et ensuite il pourra instruire et gouverner les hommes d'un royaume, chacun d'eux se conduisant convenablement envers les membres de sa propre famille. Si ce prince ne peut pas se conduire convenablement envers sa famille, comment

足 其   [8]詩 可 宣   [7]詩 可
法 爲   正 其 云。以 兄 宜   云。以
而 父   是 儀   教 宜 兄   教
后 子   四 不   國 弟。宜   國
民 兄   國。忒。 人。而 弟。   人。
法。弟   后

poteris τὸ docere regni homines.
8. Carmen ait : « Ejus æquitate non deficiente,— recta sunt quatuor regna. »
Ipse est patri, filio, fratri-majori, fratri-
minori sufficiens regula, et postea populus
ad-regulam-sumit . . . .

. . . . poterit τὸ docere regni
homines.
7. Carmen ait : .« Conveniens - præsta
fratri - majori, conveniens - præsta fratri-
minori ; » conveniens-præsta fratri-majori,
conveniens-præsta fratri-minori, et postea

7. *Livre des vers*, section *Siao-ya*, ode *Lou-siao* [II, 2, 4].

8. *Livre des vers*, section *Tsao-foung*, ode *Chi-kieou* [I, 14, 3].

忒 *te* [*deficiente*] : être en dehors de la ligne droite.

le même prince pourroit-il instruire et gouverner les hommes d'un royaume?

« Le *Livre des vers*, section *Siao-ya*, ode *Lou-siao*, dit encore : Dans une famille les frères cadets doivent avoir de la déférence pour leurs frères aînés ; c'est ce qui est exprimé par ces mots : *Agissez convenablement envers vos frères aînés :* 宣兄 *i hioung ;* les frères aînés doivent avoir de l'amitié pour leurs frères cadets ; c'est ce qui est exprimé par ces mots : *Agissez convenablement envers vos frères cadets :* 宣弟 *i ti.* Que les frères aînés aient de l'amitié pour leurs frères cadets, et les frères cadets de la déférence pour leurs frères aînés, ils agiront convenablement les uns envers les autres. Voilà de quelle manière la vertu exercera entre eux une influence mutuelle et salutaire.

« Le sens de ce vers du *Chi-king*, appliqué aux hommes en général, quoique ne s'adressant qu'aux grands de l'État, auxquels on recommandoit la vertu, est que celui qui exerce les fonctions de prince, s'il peut *améliorer sa personne pour instruire sa famille*, peut remplir complètement les devoirs de frère aîné

7. Le Livre des vers dit :

« Faites ce qui est convenable entre frères et sœurs de différents âges. »

Si vous faites ce qui est convenable entre frères de différents âges, alors vous pourrez instruire de leurs devoirs mutuels les frères aînés et les frères cadets d'un royaume *.

8. Le Livre des vers dit :

« Le prince, dont la conduite est toujours pleine d'équité et de
« sagesse,
« Verra les hommes des quatre parties du monde imiter sa droiture. »

Il remplit ses devoirs de père, de fils, de frère aîné et de frère cadet, et ensuite le peuple l'imite.

et de frère cadet, et par conséquent faire ce qui est convenable dans ces diverses positions ; il pourra ensuite instruire et gouverner les hommes d'un royaume, chacun d'eux se conduisant convenablement envers ses frères aînés et ses frères cadets. Si le prince ne peut pas se conduire convenablement envers ses frères aînés ou cadets, comment ce même prince pourroit-il instruire et gouverner les hommes d'un royaume ? »

* Dans la politique de ces philosophes chinois, chaque famille est une nation ou état en petit, et toute nation ou tout état n'est qu'une grande famille : l'une et l'autre doivent être gouvernés par les mêmes principes de sociabilité et soumis aux mêmes devoirs. Ainsi, comme un homme qui ne montre pas de vertus dans sa conduite et n'exerce point d'empire sur ses passions, n'est pas capable de bien administrer une famille ; de même un prince qui n'a pas les qualités qu'il faut pour bien administrer une famille est également incapable de bien gouverner une nation. Ces doctrines ne sont point constitutionnelles, parce qu'elles sont en opposition avec la doctrine que le chef de *l'état règne* et *ne gouverne pas*, et qu'elles lui attribuent un pouvoir exorbitant sur ses sujets, celui d'un père sur ses enfants, pouvoir dont les princes, en Chine, sont aussi portés à abuser que partout ailleurs ; mais d'un autre côté ce caractère d'assimilation au père de famille leur impose des devoirs qu'ils trouvent quelquefois assez gênants pour se décider à les enfreindre ; alors, d'après la même politique, les membres de la grande famille ont le droit, sinon toujours la force, de déposer les mauvais rois qui ne gouvernent pas en vrais pères de famille. On en a vu des exemples.

之也。

此謂治國在齊

其家。

右傳之九章

所謂平天下在

釋齊家治國

治其國與上老

老而民興孝。

長長而民興弟。

上恤孤而民不

1. Id dicitur : *Pacificare cœlum infra,*
consistit-in recte-gubernando suum reg-
num, -quod, [est] : *superior seniliter-*
tractet senes, et populus erigetur-ad pie-
tatem; superior magni-æstimet majores,
et populus erigetur-ad fraternam-reveren-
tiam ; superior commiseratione — utatur
[erga] *orphanos, et populus non* . . . .
illum quidem.

9. Hoc dicitur *recte - gubernare reg-*
num consistit-in recte-ordinando suam
familiam.

Dextrorsum Commentarii ° nonum
capitulum, explicans [τὸ] *recte-ordi-*
nando familiam recte - gubernare
regnum.

8. Ces trois citations du *Livre des vers* sont destinées à faire
ressortir et à confirmer les choses contenues dans le Texte précédent auquel elles se rattachent de cette manière.

1. 長 *tchàng* est au ton *chàng*`. 弟 *ti'* est au ton *kiù'*.
倍 *péi* est synonyme de 背 *péi* [*tergum*]. 絜 se pro-
noncé *hie*.

老 老 *laò laò* [*seniliter-tractet senes*]; c'est ce que l'on
appelle traiter nos vieux parents comme des parents doivent être
traités, 所謂老吾老也. 與 *híng* [*erigetur-ad*];
c'est éprouver une influence particulière et être élevé à un rang
supérieur.

Le caractère 孤 *koû* [*orphanos*] exprime l'état dans lequel
se trouvent de jeunes enfants privés de l'appui de leur père.
絜 *hie* [*mensuræ*]; c'est la mesure d'une chose. 矩 *kiù* [*nor-*

9. C'est ce qui est dit dans le texte : *L'art de bien gouverner une nation consiste à mettre auparavant le bon ordre dans sa famille.*

Voilà le neuvième chapitre du Commentaire. Il explique ce que l'on doit entendre par *bien gouverner le royaume, en mettant le bon ordre dans la famille.*

CHAPITRE X.

SUR LE DEVOIR D'ENTRETENIR LA PAIX ET LA BONNE HARMONIE DANS LE MONDE, EN BIEN GOUVERNANT LES ROYAUMES.

1. Les expressions du texte : *Faire jouir le monde de la paix et de l'harmonie consiste à bien gouverner son royaume,* doivent être ainsi expliquées : Que celui qui est dans une position supérieure, ou le prince, traite ses père et mère avec respect, et le peuple aura de la piété filiale ; que le prince honore la supériorité d'âge entre les frères, et le peuple aura de la déférence fraternelle ; que le prince ait de la commisération pour les orphelins,

---

mœ] ; c'est une équerre qui sert à former un carré. Par les trois préceptes enseignés dans ce paragraphe, on veut dire que les actions des supérieurs servent de règles, de modèles aux inférieurs ; leur propagation est aussi rapide que celle de l'ombre et de l'écho. C'est ce que l'on appelle une *famille bien réglée,* un *royaume bien gouverné.* On peut même remarquer que le cœur des hommes est partout le même, et que l'on ne peut pas faire en sorte que ce que l'un possède ne soit pas obtenu par un autre. C'est pourquoi le sage doit chercher dans les causes ce

惡 毋 從 所 於 毋 使 ²所 絜 倍
於 以 前 惡 前 以 下 惡 矩 是
左 交 所 於 毋 事 所 之 以
毋 於 惡 後 以 上 惡 道 君
以 左 於 毋 先 所 於 也 子
交 所 右 以 後 惡 上 毋 有
                                                           所 下 以

id-quod aversaris in antecessoribus, ne ꝗ præeas successoribus; id-quod aversaris erga successores, ne ꝗ sequaris antecessoribus; id-quod aversaris in dextris, ne ꝗ contrahas cum sinistris; id-quod aversaris in sinistris, ne ꝗ contrahas......

opponet. Hac - de causa principis filius habet mensuræ normæque⁰ rationem profecto.

2. Id-quod aversaris in superioribus, ne ꝗ facias inferioribus; id-quod aversaris in inferioribus, ne ꝗ facias superioribus;

---

qu'il y a de semblable et le prendre pour mesure des actions; il doit faire en sorte qu'entre le plus éloigné et nous, chacun arrive à pratiquer ce qui est relatif à sa position; alors les supérieurs et les inférieurs, ceux qui sont nos voisins des quatre côtés seront également traités avec équité et droiture, et le monde sera tranquille et heureux.

2. Les caractères 惡 et 先 *où* et *siàn* sont au ton *kiù*[1]. Ce paragraphe explique de nouveau le sens des deux caractères 絜 *hie* et 矩 *kiù* [*regula* et *norma*, règle de conduite que nous avons en nous] du Texte précédent. Si nous ne voulons pas que ceux qui sont nos supérieurs manquent d'égards et de politesse envers nous, alors, d'après cela, nous devons prendre cette règle pour mesure de nos actions envers nos inférieurs, et ne pas nous permettre de manquer aussi d'égards et de politesse envers eux; si nous ne voulons pas que nos inférieurs manquent de foi et de

et le peuple n'agira pas d'une manière contraire. C'est pour cela que le prince a en lui la règle et la mesure de ses actions.

2. Ce que vous réprouvez dans ceux qui sont au-dessus de vous, ne le pratiquez pas envers ceux qui sont au-dessous; ce que vous réprouvez dans vos inférieurs, ne le pratiquez pas envers vos supérieurs; ce que vous réprouvez dans ceux qui vous précèdent, ne le faites pas à ceux qui vous suivent; ce que vous réprouvez dans ceux qui vous suivent, ne le faites pas à ceux qui vous précèdent; ce que vous réprouvez dans ceux qui sont à votre droite, ne le faites pas à ceux qui sont à votre gauche; ce que vous réprouvez dans ceux qui sont à votre gauche, ne le faites pas à ceux qui sont à votre droite : voilà ce qui est appelé la raison et la règle de toutes les actions.

---

fidélité envers nous, alors, d'après cela, nous devons prendre cette règle pour mesure de nos actions envers nos supérieurs, et ne pas nous permettre d'agir envers eux avec infidélité et mauvaise foi. Cela s'applique à ceux qui précèdent comme à ceux qui suivent, à ceux qui sont à droite comme à ceux qui sont à gauche : il n'est personne d'excepté; alors c'est notre propre personne qui est le point où tout se rapporte : 則身之所處. Les supérieurs et les inférieurs, ceux des quatre côtés; ceux qui sont grands comme ceux qui sont petits; ceux qui ont du crédit comme ceux qui n'en ont pas; ceux qui sont éloignés comme ceux qui sont près; tous ne font qu'un, 如 — [sont au même niveau], et ne sont pas exempts du même devoir à remplir. Tous ne doivent avoir qu'un même cœur, que les mêmes sentiments les uns envers les autres, excités qu'ils sont par de bons exemples. En outre, comment les hommes ne faisant qu'un

於右。此之謂絜
矩之道。
³詩云。
詩樂只君子。
民之父母。
民之所好好之。
民之所惡惡之。
此之謂民之父
母。
⁴詩云。詩云。謂民之父

que. » Populus illa quæ amat, amare illa; populus illa quæ aversatur, aversari illa : hoc ipsum dicitur populi° pater materque.

4. Carmen ait :....................

...... cum dextris. Hoc° dicitur : mensuræ normæque° ratio.

3. Carmen ait : « Gaudium-ferens solum principis filius, — populi° pater mater-

[n'ayant tous qu'un même cœur, que les mêmes sentiments de bienveillance les uns envers les autres], pourroient-ils ne pas obtenir cette sincérité et cette droiture? Ce que l'on a résolu ou promis de tenir, il faut le tenir fermement, et ce que l'on a promis d'effectuer, il faut l'effectuer. Ce sont là les moyens d'entretenir la paix et la tranquillité dans l'Empire. C'est pourquoi les idées contenues dans ce chapitre partent toutes de ce principe et en font l'application : 故章內之意。皆自此而推之。

3. 樂 se prononce *lo*. 只 se prononce *tchi*. 好, 惡 *háo, où;* ces deux caractères sont au ton *kiù;* tous les autres sont à leur ton naturel.

Le *Livre des vers*, ode *Nân-chan-yéou-taï* [II, 2, 3].

只 *tchi* [*solum*] est une expression auxiliaire de la langue [un adverbe]. On veut dire que celui qui peut se faire une règle de conduite, un principe d'action et former son propre cœur sur le cœur ou les sentiments du peuple, aime alors le peuple comme

3. Le Livre des vers dit :

« Le seul prince qui inspire de la joie
« Est celui qui est le père et la mère du peuple ! »

Ce que le peuple aime, l'aimer ; ce que le peuple hait,
le haïr : voilà ce qui est appelé *être le père et la mère
du peuple.*

4. Le Livre des vers dit :

---

son propre fils, et le peuple l'aime comme son père et sa mère* :

矣。如 民 如 是 已 民 矩 言
父 愛 子 愛 心 心 而 能
母 之 而 民 則 爲 以 絜

4. 箭 *tsie* se prend à la lecture pour 截 *tsie.* 辟 *phie*
[*deflectat*] se prend à la lecture pour 僻 *phie.* 僇 *lo* [peri-

* Le Commentaire 述 朱 *Chou-Tchoù* développe ainsi les paroles de
TCHOÙ-HÎ :

« Aimer le peuple de cette manière, ce n'est pas considérer le peuple comme
peuple, mais c'est considérer le peuple comme un fils. Comment le peuple
lui seul n'aimeroit-il pas le prince comme un père et une mère :

乎。如 不 矣 子 民 以 此 愛
父 愛 民 視 而 民 是 民
母 之 獨 民 以 視 不 若

Le *Commentaire impérial* s'exprime ainsi : THSENG-TSEU dit que la loi du
devoir ou la règle de conduite [d'un prince] est de ne pas faire peu de cas des
sentiments du peuple, et voilà tout : 曾 子 曰。絜 矩 之
道。不 外 乎 民 情 而 已。

節　維　赫　有　不　下　⁵詩
彼　石　赫　國　愼　僇　云
南　巖　師　者　辟　矣
山　巖　尹　不　則
　　　　　可　爲
　　　　　以　天

殷　克
之　配
未　上
喪　帝
師

potest τὸ non invigilare; deflectat : tunc facit cœlum infra periclitari profecto.

5. Carmen ait : « Yn ille antequam amiserit populos, — valebat comparari supremo imperatori; . . . .

. . . . « Prœruptus-eminet ille australis mons; — solum rupibus horrida, horrida [congeries]! — tremende, metuende, minister Yn! — populus omnis te suspicit! » Habet regnum, qui, non

---

clitari] est identique [ou synonyme parfait] avec 戮 *lo*.

Le *Livre des vers*, section *Siao-ya*, ode *Tsie-nan-chan* [II, 4, 7]. 節 *tsie* [*prœruptus-eminet*], c'est avoir un aspect proéminent, escarpé et élevé. 師尹 *ssĕ yn* [*minister* YN], c'est un premier ministre, 大師 *taï sse*, des *Tchèou*, qui étoit de la famille *Yn*. 具 *kiŭ* [*omnis*], tout le monde : 俱也。

辟 *phie* [*deflectat*], c'est pencher du mauvais côté, suivre les voies du vice : 偏也。

On veut dire [dans ce paragraphe] que celui qui est dans la position la plus élevée de la société [le souverain] ne doit pas ne pas prendre en sérieuse considération ce que les hommes ou les populations demandent et attendent de lui; s'il ne se conformoit pas dans sa conduite aux droites règles de la raison, et qu'il se livrât de préférence aux actes vicieux [aux actions contraires à l'intérêt du peuple] en donnant un libre cours à ses passions d'amitié et de haine, alors sa propre personne seroit exterminée,

« Voyez au loin cette grande montagne du Midi,
« Avec ses rochers escarpés et menaçants !
« Ainsi, ministre *Yn*, tu brillois dans ta fierté !
« Et le peuple te contemploit avec terreur ! »

Celui qui possède un empire ne doit pas négliger de veiller attentivement sur lui-même, pour pratiquer le bien et éviter le mal ; s'il ne tient compte de ces principes, alors la ruine de son empire en sera la conséquence.

5. Le Livre des vers dit :

« Avant que les princes de la dynastie des *Yn* [ou *Chang*] eussent
« perdu l'affection du peuple,
« Ils pouvoient être comparés au Très-Haut.
« Nous pouvons considérer dans eux,
« Que le mandat du ciel n'est pas facile à conserver. »

et le gouvernement périroit ; c'est là la grande ruine de l'Empire [dont il est parlé dans le Texte] :

戮天弒之徇矩若不人言
矣下國偏於而不可所在
之亡則一好能不瞻上
大爲身已惡絜謹仰者

5. 喪 *sáng*, est au ton *kiú'*. 儀 *í*, dans le *Livre des vers*, s'écrit 宣 *í*.

峻 *siún*, dans le *Livre des vers*, s'écrit 駿. 易 *í* est au ton *kiú'*.

Le *Livre des vers*, section WEN-WANG [*Ta-ya*].

師 *ssé* [*populos*], c'est la multitude, le peuple : 衆也.

配 *phëï* [*comparari*], c'est être mis en opposition avec quel-

本　財　有　人　乎　是　失　道　峻　儀
也　此　土　有　德　故　眾　得　命　監
財　有　此　人　有　君　則　眾　不　于
者　用　有　此　德　子　失　則　易　殷
末　德　財　有　此　先　國　得
也　者　有　土　有　慎　　　國

invigilet in virtutem; habita virtute, hoc-
ipso habebit homines; habitis hominibus,
hoc-ipso habebit terram; habita terra,
hoc-ipso habebit divitias; habitis divitiis,
hoc-ipso habebit usum. Virtus, quæ: radix
enimvero; divitiæ, quæ: rami enimvero.

.... — justum-est conjicere-
oculos in Yn; — altissimum mandatum
haud facile [conservatu]. » Ratio: obtento
populo; tunc obtento regno. Amisso populo; tunc amisso regno.

6. Hac-de causa principis filius prius

qu'un, être regardé comme pair avec quelqu'un : 對 也 .
L'expression : *ils étoient comparés au Très-Haut; ils marchoient*
de pair avec lui, signifie que ceux qui furent princes de l'Empire
alloient de pair avec le Très-Haut.

監 *kiàn* [*conjicere-oculos*], c'est regarder : 視 也 . 峻
siùn [*altissimum*], grand, élevé : 大 也 . 不 易 *pou i*
[*haud facile (conservatu)*], est une expression qui signifie difficile
à conserver : 難 保 也 . 道 *tào* [*ratio*], signifie : c'est-à-dire :
言 也 .

La citation du *Livre des vers* est introduite dans ce paragraphe
pour le rattacher au sens des deux paragraphes du texte précédent. Celui qui possède l'Empire doit conserver soigneusement
cette maxime dans son cœur [celle *d'avoir toujours pour soi l'af-*
fection du peuple], et il ne le perdra pas; alors, en faisant de
cette maxime la raison, la règle de sa conduite, et en identifiant
ses sentiments avec ceux du peuple, par cela même il ne pourra
pas le perdre.

Ce qui veut dire :

> Obtiens l'affection du peuple, et tu auras l'empire;
> Perds l'affection du peuple, et tu perdras l'empire *.

6. C'est pourquoi un prince doit, avant tout, veiller attentivement sur son principe rationnel et moral. S'il possède les vertus qui en sont la conséquence, il possédera le cœur des hommes; s'il possède le cœur des hommes, il possédera aussi le territoire; s'il possède le territoire, il en aura les revenus; s'il en a les revenus, il pourra en faire usage pour l'administration de l'État. Le principe rationnel et moral est la base fondamentale; les richesses ne sont que l'accessoire.

---

6. 先 慎 乎 德 *siân chin hoŭ te* [*prius invigilet in virtutem*]; ces expressions, qui rattachent ce paragraphe au Texte précédent, signifient que l'on ne peut se dispenser de veiller soigneusement sur soi-même.

德 *te* [*virtus*], c'est le *principe lumineux de la raison* qui est ainsi désigné : 即 所 謂 明 德. 有 人 *yèou jîn* [*habebit homines*], veut dire qu'il obtiendra, qu'il possédera la foule du peuple : 謂 得 眾。

有 土 *yèou thòu* [*habebit terram*]; veut dire qu'il obtiendra,

* Le *Ho-Kiang* dit à ce sujet : « La fortune du prince dépend du Ciel, et la volonté du Ciel existe dans le peuple. Si le prince obtient l'affection et l'amour du peuple, le Très-Haut le regardera avec complaisance et affermira son trône; mais s'il perd l'affection et l'amour du peuple, le Très-Haut le regardera avec colère, et il perdra son royaume :

而 帝 心 國 之 上 民 在 天 在 君
失 怒 則 失 而 帝 心 民 之 天 之
國 之 上 民 得 眷 則 得 心 而 命

6

10. 于常道善則得 · 康誥曰惟命不
9. 而出 · 者亦悖而入貨 · 悖而入者亦悖 · 是故言悖而出
8. 散財散則民聚 · 是故財聚則民
7. 施奪 · 外本內末爭民

---

prolatum, quod, etiam contra-fas et intrat [revertitur]. Opes contra-fas et ingressæ, quæ, etiam contra-fas et exituræ.

10. *Khang-kao* ait : « Solum cœli-mandatum non in æternum. » Indicans : bonum-faciat, tunc obtinet..........

7. Exteriore, radix; interiore, rami : ad-contentiones-excitare populum, aperire viam rapinis.

8. Hac-de causa : divitiis congregatis, tunc populus dispergitur; divitiis dispersis, tunc populus congregatur.

9. Hac-de causa : verbum contra-fas et

---

qu'il possédera le royaume : 謂得國. S'il possède le royaume, alors il n'aura pas de chagrins de ne pas avoir de revenus pour son usage : 有國。則不患無財用矣。

Le caractère 本 *pèn* [*radix*] rappelle le même caractère du Texte principal ou *King*.

7. Un homme dans la condition de prince, qui fait peu de cas de son *principe rationnel et moral*, 德, et qui, au contraire, estime par-dessus tout les richesses ou les revenus, 財, fait naître des querelles et des dissensions intérieures dans son peuple; et, en agissant ainsi, il lui enseigne à s'enrichir par les vols et les rapines. Or, les richesses et les revenus sont pour les hommes en général un objet de désir. Si le prince ne suit pas dans sa conduite les principes de la sagesse et de la raison, et qu'il s'abandonne sans réserve à ses passions, alors le peuple est aussi excité par l'exemple, et il se livre aux dissensions intérieures et aux rapines. [Conférez le *Tao-te-King*, chap. 3.]

7. Traiter légèrement la base fondamentale ou le principe rationnel et moral, et faire beaucoup de cas de l'accessoire ou des richesses, c'est pervertir les sentiments du peuple et l'exciter par l'exemple au vol et aux rapines.

8. C'est pour cette raison que, si un prince ne pense qu'à amasser des richesses, alors le peuple, pour l'imiter, s'abandonne à toutes ses passions mauvaises; si au contraire il dispose convenablement des revenus publics, alors le peuple se maintient dans l'ordre et la soumission.

9. C'est aussi pour cela que si un souverain ou des magistrats publient des décrets et des ordonnances contraires à la justice, ils éprouveront une résistance opiniâtre à leur exécution et aussi par des moyens contraires à la justice; s'ils acquièrent des richesses par des moyens violents et contraires à la justice, il les perdront aussi par des moyens violents et contraires à la justice.

10. Le *Khang-Kao* dit: «Le mandat du ciel qui donne la souveraineté à un homme, ne la lui confère pas pour

---

8. Si l'on *traite légèrement la base fondamentale, ou le principe rationnel et moral*, et que l'on fasse beaucoup de cas *des accessoires ou des richesses et des revenus*, il en résulte comme effet que les *richesses ou les revenus s'accumulent*, que l'on *pervertit le peuple* en faisant naître en lui des *désordres violents*, et qu'on l'*excite au vol et aux rapines*; il en résulte aussi, comme effet, que le peuple secoue tous les liens de subordination pour s'abandonner à ses passions mauvaises: 外 本 內 末。故 財 聚。爭 民 施 奪。故 民 散. Si le contraire a lieu chez le prince, alors il possède dans tout son développement son principe rationnel et moral, et par cela même il possède le peuple: 反 是。則 有 德 而 有 人 矣。

6.

他	个	秦¹³	為	以¹²	舅	為	以¹¹	楚	之
技	臣	誓	寶	為	犯	寶	書		不
其	斷	曰	寶	曰	曰	書			善
心	斷	若	寶	亡		惟	國		則
休	兮	有	仁	人		善	無		失
休	無	一	親	無		以	以		之

humanitas, pietas-erga-parentes ea æstimanda pretiosa. »

13. *Thsin-tchi* ait: « Si habeam unum solum ministram, integrum, integrum, proh! sine aliis dotibus, cujus cor amplum, sincerum......................

illud; non bonum-faciat, tunc perdit illud.

11. [τοῦ] *Thsou* Liber ait: « *Thsou* regnum nihil ad æstimat pretiosum; solum virtute-præditum ad æstimat pretiosum. »

12. KIEOU FAN dixit: « Vagans homo non quid æstimandum pretiosum [inveni];

---

9. Le caractère 悖 se prononce *péï*. Il signifie contraire ou opposé à une autorité légitime, à la justice: 逆也. Cette *émission* et ce *retour de paroles ou d'ordres injustes* éclaircit le sens de la phrase suivante: l'*accaparement, l'accumulation et la perte par la violence des richesses*: 此以言之出入。明貨之出入也. Il faut avant tout que le prince veille lui-même attentivement sur son principe rationnel et moral, afin que ceux qui sont au-dessous de lui parviennent aussi à le faire: 自先謹乎德以下至此. En outre on appuie [dans ce paragraphe] sur les richesses et les revenus pour éclaircir le sens de ces expressions: « on les *obtient* ou on les *perd*, » selon que l'on se conforme aux règles d'une conduite sage et droite ou que l'on ne s'y conforme pas: » 又因財貨以明能絜矩與不能者之得失也.

10. 道 *táo* [*indicans*], c'est-à-dire, cela signifie: 言也.

toujours. » Ce qui signifie qu'en pratiquant le bien ou la justice, on l'obtient; et qu'en pratiquant le mal ou l'injustice on le perd.

11. Les Chroniques de *Thsou* disent :

« La nation de *Thsou* ne regarde pas les parures en « or et en pierreries comme précieuses; mais pour elle, « les hommes vertueux, les bons et sages ministres sont « les seules choses qu'elle estime être précieuses. »

12. KIEOU-FAN a dit :

« Dans les voyages que j'ai faits au dehors, je n'ai « trouvé aucun objet précieux; l'humanité, et l'amitié « pour ses parents, sont ce que j'ai trouvé seulement de « précieux. »

13. Le *Thsin-tchi* dit :

« Que n'ai-je un ministre d'une droiture parfaite, « quand même il n'auroit d'autre habileté qu'un cœur « simple et sans passions; il seroit comme s'il avoit les « plus grands talents ! Lorsqu'il verroit des hommes de « haute capacité, il les produiroit, et n'en seroit pas

---

C'est à propos du texte principal ou *King* et pour l'expliquer par des éclaircissements que l'on cite le sens du vers concernant WEN-WANG [extrait du *Chou-king*]. THSENG-TSEU revient sans cesse à ces citations afin d'approfondir de plus en plus, et dans tous ses détails, ce que le texte renferme de plus important.

11. 楚書 *Thsoù chou* [*Thsou Liber*], ce sont les chroniques de *Thsou* : il veut dire que [dans un royaume] on n'estime pas comme des choses précieuses l'or, l'argent et les pierreries, mais que ce sont les hommes vertueux que l'on estime comme précieux : 言不寶金玉而寶善人也。

12. 舅犯 *Kiéou fàn*; WEN-KOUNG, prince de l'État de

<table>
<tr><td>之</td><td>有</td><td>亦</td><td>我</td><td>能</td><td>若</td><td>其</td><td>有</td><td>人</td><td>焉</td></tr>
<tr><td>人</td><td>技</td><td>有</td><td>子</td><td>容</td><td>自</td><td>心</td><td>之</td><td>之</td><td>其</td></tr>
<tr><td>之</td><td>媢</td><td>利</td><td>孫</td><td>之</td><td>其</td><td>好</td><td>人</td><td>有</td><td>如</td></tr>
<tr><td>彦</td><td>疾</td><td>哉</td><td>黎</td><td>以</td><td>口</td><td>之</td><td>之</td><td>技</td><td>有</td></tr>
<tr><td>聖</td><td>以</td><td>人</td><td>民</td><td>能</td><td>出</td><td>不</td><td>彦</td><td>若</td><td>容</td></tr>
<tr><td>而</td><td>惡</td><td>之</td><td>尚</td><td>保</td><td>寔</td><td>啻</td><td>聖</td><td>巳</td><td>焉</td></tr>
</table>

tueri-ac-conservare meos filios, nepotes, juvenemque populum; circiter etiam habere lucrum [regno] °? [si] Viris illis habentibus præclara-ingenia invideret, invidentia utendo, odisset illos; homines qui sapientia sanctitateque-præcellunt, et....

.... quidem; ipse quasi haberet capacitatem etiam; homines illi habentes præclara-ingenia : tanquam-si ipse haberet illa; homines illi sapientes, sancti : ipse totocorde amans illos; non solum tanquam ex suo ore profecta [laude]; vere-ac-sincere valeret -ad accipiendos illos; utendo valeret

Tçin. Kiéou étoit son surnom d'orphelin; son titre d'âge viril étoit *Tseù fan.*

亡 人 *wâng jîng* [*vagans homo*]; c'est du temps de WEN-KOUNG un fils de prince qui alloit voyager hors des États de son père : 文 公 時 爲 公 子 出 亡 在 外 也。

仁 *jîn* [*humanitas*], c'est l'amour du prochain : 愛 也, c'est une action qui se manifeste comme celle d'un arc caché *. Ces deux derniers paragraphes éclaircissent aussi le sens de *ne pas faire peu de cas du principal* ou de *la base fondamentale*, et de *mettre au-dessus de tout l'accessoire.*

13. 个 se prononce *kó.* Dans le *Chou-king,* il est écrit 介. 斷 se prononce *touán.* 媚 a le son de *máo.*

泰 誓 *thsin tchi*, c'est un chapitre du *Chou-king* : 周 書.

* Cette seconde définition est omise dans plusieurs éditions du Commentaire de TCHOÙ-HI.

« plus jaloux que s'il possédoit leurs talents lui-même.
« S'il venoit à distinguer un homme d'une vertu et d'une
« intelligence vastes, il ne se borneroit pas à en faire
« l'éloge du bout des lèvres, il le rechercheroit avec sin-
« cérité et l'emploieroit dans les affaires. Je pourrois me
« reposer sur un tel ministre du soin de protéger mes
« enfants, leurs enfants et le peuple. Quel avantage n'en
« résulteroit-il pas pour le royaume * ?

« Mais si un ministre est jaloux des hommes de talent
« et que par envie il éloigne ou tienne à l'écart ceux qui
« possèdent une vertu et une habileté éminentes, en ne
« les employant pas dans les charges importantes, et en

斷 斷 *touán touán* [*integrum, integrum*], c'est ce qui a l'aspect de la vérité, de la sincérité, de la probité et de la simplicité.

彥 *yén* [*sapiens*], c'est un lettré digne de toutes sortes de
louanges : 美 士 也。

聖 *chíng* [*sanctus*], c'est être pénétrant et éclairé : 通
明 也。

尚 *cháng* [*circiter*], approcher de : 庶 幾 也. 媚
máo [*invidentia*], envie, avoir de l'envie contre quelqu'un : 忌
也. 違 *wéi* [*impedit*], c'est empêcher quelqu'un d'avancer,
de parvenir ; lui susciter des obstacles avec méchanceté : 拂
戾 也. 殆 *taí* [*periculum*], péril, danger : 危 也。

* On voit par ces instructions de Mou-koung, prince du petit royaume de
Thsin, tirées du *Chou-King*, quelle importance on attachoit déjà en Chine,
650 ans avant notre ère, au bon choix des ministres ; pour la prospérité et le
bonheur d'un État. Partout l'expérience éclaire les hommes ! Mais malheu-
reusement ceux qui les gouvernent ne savent pas où ne veulent pas toujours
en profiter.

¹⁵見	能	仁	同	迸	¹⁴唯	亦	保	不	違
賢	惡	人	中	諸	仁	曰	我	能	之
而	人	為	國	四	人	殆	子	容	俾
不	。	能	此	夷	放	哉	孫	以	不
能		愛	謂	不	流		黎	不	通
舉		人	唯	與	之		民	能	寔

in-exilium-cogit eos, expellit*que* in quatuor [plagarum] barbaros; non permittens cohabitare - in medio regno. Hoc dicitur : solum humanus vir est potens amare homines, potens odisse homines.

15. Videre sapientes et non velle evehere;

impediret illos, nihil-non-faciens-ut non emergant : hic non valet ad-accipiendum [illos]; is non valet -ad tuendum - ac - conservandum meos filios, nepotes juvenem*que* populum; etiam dicam-ne periculum° ?

14. Solum humanus homo, demittit,

14. 迸 dans la lecture se prend pour 屏 *ping* : c'est un caractère ancien qui est synonyme avec ce dernier par métonymie : 古字通用.

迸 *ping* [*expellit*] a une signification pareille à celle de 逐 *tcho*, envoyer dans un lieu. On veut dire que les hommes, qui ont cette envie, cette jalousie contre les autres, suscitent des obstacles aux hommes sages et instruits, cherchent tous les moyens de leur nuire, et portent par là un grand préjudice à l'État ; alors les hommes justes et pleins d'humanité doivent les haïr profondément *, et les arracher, les séparer complétement de la so-

---

* C'est une haine vertueuse et sociale qui n'a rien de commun avec la haine produite par un sentiment d'orgueil ou d'égoïsme, condamnée comme coupable et vile, lorsqu'elle s'attache à un objet qui ne la mérite pas. Bien loin d'être un vice, la haine ainsi appliquée n'est que le sentiment de la justice et du bien public développé au plus haut degré. Une pareille haine est quelquefois nécessaire dans le gouvernement des empires.

« leur suscitant méchamment toutes sortes d'obstacles,
« — un tel ministre, quoique possédant des talents, est
« incapable de protéger mes enfants, leurs enfants, et le
« peuple. Ne pourroit-on pas dire alors que ce seroit
« un danger imminent, propre à causer la ruine de
« l'empire? »

14. L'homme vertueux et plein d'humanité peut seul
éloigner de lui de tels hommes, et les rejeter parmi les
barbares des quatre extrémités de l'empire, ne leur per-
mettant pas d'habiter dans le royaume du milieu.

Cela veut dire que l'homme juste et plein d'humanité seul est capable d'aimer et de haïr convenablement
les hommes *.

15. Voir un homme de bien et de talent, et ne pas
lui donner de l'élévation; lui donner de l'élévation et ne

---

ciété, afin que ceux qui se consacrent entièrement au bien public,
ne satisfassent pas leurs intérêts privés :

私 至 之 而 必 則 而 人 娼 言
公 以 痛 深 仁 病 妨 疾 有
無 其 絕 惡 人 國 賢 之 此

C'est ainsi que le sens exact de ces expressions, *il peut aimer et
haïr convenablement,* est conforme à l'explication précédente : 故
能 得 好 惡 之 正 如 此 也。

* « Je n'admire point un homme qui possède une vertu dans toute sa per-
« fection, s'il ne possède en même temps dans un pareil degré la vertu opposée,
« tel qu'étoit Épaminondas, qui avoit l'extrême valeur jointe à l'extrême bé-
« nignité; car autrement ce n'est pas monter, c'est tomber. On ne montre pas
« sa grandeur pour être en une extrémité, mais bien en touchant les deux à la
« fois, et remplissant tout l'entre-deux. » Pascal.

舉而不能先命
也見不善而不
能退退而不能
遠過也
好人之所惡惡
人之所惡
拂人之性菑必
逮夫身
是故君子有大
道必忠信以得

odisse homines id quod amant: hoc dicitur repugnare hominum° naturæ. Calamitates certe imminent istiusmodi personæ.
17. Hac-de causa principis filius habet
magnam regulam; debet sinceritate fide*que*
uti ad-attingendum................

..... evehere et non velle præponere:
injuriam-facere quidem. Videre non sapientes et non velle removere; removere
et non velle procul-mittere: noxium quidem.
16. Amare homines id quod oderunt;

15. 命 *míng* [*injuriam-facere*], TCHING-CHI a dit qu'il falloit écrire 慢 *mán*; TCHING-TSEU a dit qu'il falloit écrire 怠 *taï*; on n'a pas encore décidé lequel de ces deux caractères il falloit écrire de préférence. 遠 est au ton *kiú*.

Ceux qui sont tels [que les décrit le texte] savent ce qu'il faut *aimer et haïr* ou *réprouver*, mais ils n'ont pas accompli dans toute son étendue la règle d'*aimer* et de *haïr* convenablement. Or ces princes n'ont pas encore la vertu de l'humanité telle qu'elle doit être :

仁子道愛未惡知若
者而蓋惡能矣所此
也未君之盡而愛者

16. Le caractère 夫 se prononce *fou*.

拂 *fe* [*repugnare*], c'est être opposé à la nature des choses,

pas le traiter avec toute la préférence qu'il mérite, c'est lui faire injure. Voir un homme pervers et ne pas le repousser; le repousser et ne pas l'éloigner à une grande distance, c'est une chose condamnable pour un prince.

16. Un prince qui aime ceux qui sont l'objet de la haine générale, et qui hait ceux qui sont aimés de tous, fait ce que l'on appelle un outrage à la nature de l'homme. Des calamités redoutables atteindront certainement un tel prince.

17. C'est en cela que les souverains ont une grande règle de conduite à laquelle ils doivent se conformer; ils l'acquièrent, cette règle, par la sincérité et la fidélité; et ils la perdent par l'orgueil et la violence.

à la justice : 逆 也. Aimer le bien et la vertu, et haïr le mal et le vice, c'est dans la nature de l'homme : 好 善 而 惡 惡 人 之 性 也. Quant à agir contrairement à la nature de l'homme; alors c'est être complétement dénué d'humanité : 至 於 拂 人 之 性。則 不 仁 之 甚 者 也. On arrive à cette conséquence par le *Thsin-tchi* [ou *Déclaration du prince de Thsin*, formant le dernier chapitre du *Chou-king*, cité plus haut]. En outre, tous ces développements servent à expliquer jusqu'à sa dernière limite ce que l'on doit entendre par *aimer, haïr, intérêt public, intérêt privé* : 好 惡 公 私, et à éclaircir le sens de la citation de la *montagne méridionale*, ode *Nan-chan-taï-yéou* [II, 2, 3] rapportée dans le texte précédent.

17. 君 子 *kiûn tseù* [*principis filius*], on désigne ici ceux qui occupent le trône : 以 位 言 之. 道 *táo* [*regula*], c'est-à-dire la règle de conduite que l'on doit suivre en occupant le trône, pour *améliorer sa personne* et pour *gouverner les hom-*

之。驕泰以失之。[18] 生財有大道，生之者眾，食之者寡，爲之者疾，用之者舒，則財恆足矣。[19] 仁者以財發身，不仁者以身發財。[20] 未有上好仁而

---

sint ; tunc divitiæ semper sufficient quidem.

19. Humanus, qui, utendo divitiis, extollit personam ; non humanus, qui, utendo persona, extollit divitias.

20. Nondum fuit superior amans humanitatem et ....

.... illam ; arrogantia, procacitate utendo perdit illam.

18. Generandi divitias habetur magna regula : generant illas, qui : multi ; comedunt illas, qui : pauci [sint] ; faciunt illas, qui : laborent ; utuntur illis, qui : moderati-

---

mes : 謂居其位而修巳治人之術. Produire au dehors tout ce que l'on a dans l'intérieur, cela s'appelle *être sincère :* 發巳自盡謂忠. Se conformer à la raison, aux principes des choses**, ne pas se mettre en opposition avec eux, cela s'appelle *être fidèle :* 循物無違謂信。

Le caractère 驕 *kiáo* [*arrogantia*], exprime de l'orgueil, de la hauteur, de l'arrogance : 矜高. Le caractère 泰 *thaï* [*procacitas*], signifie extravagance, acte emporté et contraire à la raison.

* Le *Kiang-i-pi-tchi* dit que les quatre 之 *tchi* de ce paragraphe représentent ou indiquent les richesses ou les revenus, et que les quatre 者 *tche* représentent les hommes : 四之字俱指財。四者字俱指人 ; ce qui caractérise parfaitement le rôle spécial de ces deux pronoms relatifs.

** Le caractère 物 *we* de cette phrase doit s'entendre comme s'il y avoit 理 *li. Glose.*

18. Il y a un grand principe pour accroître les revenus (de l'état ou de la famille). Que ceux qui produisent ces revenus soient nombreux, et ceux qui les dissipent, en petit nombre; que ceux qui les font croître par leur travail se donnent beaucoup de peine, et que ceux qui les consomment le fassent avec modération; alors, de cette manière, les revenus seront toujours suffisants.

19. L'homme humain et charitable acquiert de la considération à sa personne, en usant généreusement de ses richesses; l'homme sans humanité et sans charité augmente ses richesses aux dépens de sa considération.

20. Lorsque le prince aime l'humanité et pratique la vertu, il est impossible que le peuple n'aime pas la jus-

---

C'est pour cette raison que les paroles et les idées de WEN-WANG et du *Khang-kao* sont précédemment citées. Trois fois dans ce chapitre, les caractères 得 *te, acquérir;* et 失 *chi, perdre;* sont répétés, et on y expose tous les avantages que l'on peut retirer d'une conduite conforme aux vrais principes. Or si l'on parvient à avoir cette conduite, les principes célestes [que nous avons en nous] se conservent; si on la perd, si on ne la possède pas, on approche beaucoup de sa ruine.

18. 衡 se prononce *héng.*

LIU-CHI a dit : « Si dans un Royaume le peuple n'est pas pa« resseux et avide d'amusements, alors, ceux qui produisent les « revenus sont nombreux; si la cour n'est pas son séjour de pré« dilection, alors ceux qui mangent ou dissipent ces revenus sont « en petit nombre; si on n'enlève pas aux laboureurs le temps « qu'ils consacrent à leurs travaux, alors ceux qui travaillent, « qui labourent et qui sèment, se donneront beaucoup de peines « pour faire produire la terre; si l'on a soin de calculer ses re-

下不好義者也
未有好義其事
不終者也未有
府庫財非其財

孟²¹獻子曰畜馬
者也
乘不察於雞豚
伐冰之家不畜
牛羊百乘之家
不畜聚斂之臣

21. MENG-HIEN-TSEU ait: [qui] alunt equorum quadrigas, non tractant τὰς gallinas porcellos*que*. Findentium glaciem° familia, non alit boves oves*que*. Centum curruum° familia non alit aggravantes-vectigalia rapaces*que*° ministros. ....

.... inferior non amet justitiam, qui, enimvero. Nondum fuit amans justitiam, ejus negotia non [bonum]-exitum-haberent, qui, enimvero. Nondum fuit regii ærarii divitias non-habuisse [pro] suis-propriis divitiis, qui, enimvero.

« venus pour régler sur eux ses dépenses; alors l'usage que l'on
« en fera sera modéré: »

呂氏曰國無遊民
則生者眾矣朝無
倖位則食者奪矣
不奪農時則爲之
者疾矣量入爲出
則用之舒矣

Moi, homme de peu de mérite, je remarque que c'est la même raison qui a fait dire à THSENG-TSEU que celui qui possède les terres possède les revenus. La règle qu'il faut suivre pour que le royaume ait toujours des revenus suffisants et l'instruction nécessaire, consiste à faire tous ses efforts pour remplir ses devoirs et à avoir de l'économie: 以明足國之道. 在乎務本而節用 En même temps il ne

tice; et lorsque le peuple aime la justice, il est impossible que les affaires du prince n'aient pas une heureuse fin; il est également impossible que les impôts dûment exigés ne lui soient pas exactement payés.

21. MENG-HIEN-TSEU a dit : « Ceux qui nourrissent des coursiers et possèdent des chars à quatre chevaux n'élèvent pas des poules et des pourceaux, qui sont le gain des pauvres. Une famille qui se sert de glace dans la cérémonie des ancêtres ne nourrit pas des bœufs et des moutons. Une famille de cent chars, ou un prince, n'entretient pas des ministres qui ne cherchent qu'à augmenter les impôts pour accumuler des trésors. S'il avoit

---

faut pas faire peu de cas de ce qui est le *principal* ou la *base*, mettre au-dessus de tout ce qui n'est que l'*accessoire* ou le *secondaire*, et croire qu'ensuite les revenus ou les impôts pourront être recueillis ou recouvrés : 非 必 外 本 內 末 而 後 財 可 聚 也. Depuis ce paragraphe jusqu'à la fin du Traité, c'est la même idée qui est développée.

19. 發 *fà* [*extollit*], se prend ici comme 起 *ki* élever. Les *hommes humains, charitables* usent de leurs *richesses* ou de leurs *revenus*, les répandent, afin d'en faire part au peuple; les hommes qui ne sont pas *humains, charitables* perdent leurs personnes, afin d'accumuler des *richesses :* 仁 者 散 財 以 得 民。不 仁 者 亡 身 以 殖 貨。

20. Si celui qui est le supérieur des autres, ou le prince, se plaît dans la *pratique de l'humanité*, afin d'aimer ses inférieurs ou ses sujets et de leur faire du bien, alors, ses inférieurs se *plaisent dans la pratique de la justice* et de l'équité, afin d'être fidèles à leur supérieur. C'est pourquoi les *affaires du prince doi-*

與其有聚斂之
臣寧有盜臣此
謂國不以利為
利以義為利也
長國家而務財
用者必自小人
矣彼為善之
人之使為國家
菑害並至雖有
善者亦無如之

tum-se-impendit divitiis utendo, qui, sine-
dubio ex parvis hominibus quidem : illis esse
probos [suadent]°. Parvos homines hujus-
modi gubernare faciat regnum familiam-
que : calamitates, ruinæ cumulatim super-
venient. Etsi foret vir probus, qui ; etiam
non sicut hoc,...................

........................Cum ipso
habere aggravantes - vectigalia rapaces-
que° ministros, melius-esset habere de-
prædantes ministros. Hoc dicitur de-regno :
Non cum lucro facere lucrum, [sed] cum
justitia facere lucrum quidem.

22. Gubernat regnum, familiam et to-

vent avoir une heureuse fin, et il n'a pas le chagrin de se voir
refuser les revenus de son trésor royal :

上以好忠所必而之悖患
好則義以其有以財出也
仁其下以上事終庫無之

21. Le caractère 畜 se prononce tchoù. 乘 et 斂 sont
tous deux au ton kiù. MENG-HIEN-TSEU, étoit un sage ta fou, ou
mandarin, du royaume de Lou, dont la postérité s'est éteinte
dans son second petit-fils. Ceux qui nourrissent des coursiers et
possèdent des chars à quatre chevaux, ce sont les mandarins ou
magistrats civils, Ta-fou, qui passent les premiers examens des
lettrés à des périodes fixes. Une famille qui se sert de glace dans
la cérémonie des ancêtres, ce sont les grands de l'ordre supérieur
nommés King, qui se servoient de glace dans les cérémonies fu-

des ministres qui ne cherchassent qu'à augmenter les impôts pour amasser des richesses, il vaudroit mieux qu'il eût des ministres ne pensant qu'à dépouiller le trésor du souverain. » Ce qui veut dire que ceux qui gouvernent un royaume ne doivent point faire leur richesse privée des revenus publics; mais qu'ils doivent faire de la justice et de l'équité leur seule richesse.

22. Si ceux qui gouvernent les États ne pensent qu'à amasser des richesses pour leur usage personnel, ils attireront indubitablement auprès d'eux des hommes dépravés; ces hommes leur feront croire qu'ils sont des ministres bons et vertueux, et ces hommes dépravés gouverneront le royaume. Mais l'administration de ces indignes ministres appellera sur le gouvernement les châtiments divins et les vengeances du peuple*. Quand les affaires publiques sont arrivées à ce point, quels ministres, fussent-ils les plus justes et les plus vertueux, dé-

---

nèbres qu'ils faisoient en l'honneur de leurs ancêtres. *Une famille de cent chars*, ce sont les grands de l'État qui possédoient des fiefs séparés dont ils tiroient les revenus. Le prince devroit plutôt perdre ses propres revenus, ses propres richesses, que d'avoir des ministres qui fissent éprouver des vexations et des dommages au peuple. C'est pourquoi *il vaut mieux que* [le prince] *ait des ministres qui dépouillent le trésor du souverain* que des *ministres qui surchargent le peuple d'impôts pour accumuler des richesses.*

* La *Glose* du *Kiang-i-pi-tchi* dit : « Par le caractère 𡿨 *tsaï*, ce sont « des calamités du ciel, comme des phénomènes célestes, des sécheresses, des « famines et autres événements de cette espèce qui sont désignés; par le carac- « tère 害 *haï*, ce sont les maux provenant des hommes, comme des dévas- « tations, des pillages, des guerres, des troubles intérieurs, et autres désordres « de cette espèce qui sont désignés. »

為 以 何
利 利 矣
也 為 此 謂 國 不
　 利 以
右 傳 之 十
釋 治 國 平 天
下 凡 傳 十 章
前 四 章 統 論
綱 領 指 趣 後
六 章 細 論 條
目 工 夫 其 第

[constat]; priora quatuor capitula ge-
neratim exponunt principalem mate-
riam, ad-indicandum propositum. Se-
quentia sex capitula minutatim exponunt ramorum indicibus opus hoc. Ejus
ordinate.....................

............quomodo°? Hoc dicitur
de-regno : non cum lucro facere lucrum;
cum justitia facere lucrum quidem.
　Dextrorsum Commentarii° decimum
capitulum, explicans [τὸ] bene-guber-
nare regnum, pacificando cœlum infra.
Totum commentarium decem capitulis

Tout ce qui suit, jusqu'à la fin du paragraphe, est une explication des paroles de HIEN-TSEU.

22. 長 *tchàng* est au ton *chàng*`. La phrase 彼為善
之 *pì wëi chén tchï*, dans ses rapports avec ce qui précède et ce
qui suit est supposée incorrecte et composée de caractères altérés.

自 *tséu* [*ex*] signifie *de, tirer de*: 由也. Il veut dire
que c'est du sein des hommes dépravés qu'il les tire [les mauvais
ministres]. Ce paragraphe éclaircit à fond le danger, le crime
qu'il y a de *faire son profit, sa richesse privée* des *revenus publics*,
et il répète ces mêmes paroles pour rattacher ce paragraphe au
précédent, et en mieux inculquer le sens dans l'esprit:

矣 之 其 以 而 利 以 節 也 人 言
意 丁 結 重 之 利 深 此 導 由
切 寧 之 言 害 為 明 一 之 小

tourneroient de tels malheurs*? Ce qui veut dire que ceux qui gouvernent un royaume ne doivent point faire leur richesse privée des revenus publics, mais qu'ils doivent faire de la justice et de l'équité leur seule richesse.

Voilà le dixième chapitre du Commentaire. Il explique ce que l'on doit entendre par *faire jouir le monde de la paix et de l'harmonie, en bien gouvernant l'empire* [1].

L'Explication tout entière consiste en dix chapitres. Les quatre premiers chapitres exposent l'ensemble

---

[1] « Le sens de ce chapitre est, qu'il faut faire tous ses efforts pour être d'accord avec le peuple dans son amour et son aversion, ou partager ses sympathies, et qu'il ne faut pas s'appliquer uniquement à faire son bien-être matériel. Tout cela est relatif à la règle de conduite la plus importante que l'on puisse s'imposer. Celui qui peut agir ainsi, traite alors bien les sages, se plaît dans les avantages qui en résultent ; chacun obtient ce à quoi il peut prétendre, et le monde vit dans la paix et l'harmonie :

矣　而　各　親　能　矩　皆　不　同　務　此
天　得　賢　如　之　推　專　好　在　章
下　其　樂　之　意　廣　其　惡　與　之
平　所　利　則　也　繫　利　而　民　義

* « Le texte signifie qu'en ce qui concerne ce qui est au-dessus d'eux, ils ne peuvent plus détourner les décrets du Ciel, et qu'en ce qui concerne ce qui est au-dessous, ils ne peuvent recouvrer le cœur ou l'affection du peuple :

言上不能回天命。下不能挽人心．
(*Glose.*)

THOUNG-YANG-HIU-CHI a dit : « Le grand but, le sens principal de ce chapitre signifie que le gouvernement d'un empire consiste dans l'application « des règles de droiture et d'équité naturelles que nous avons en nous, à tous

五　者　當　在　乃　之　五
近　不　務　初　誠　要　章
而　以　之　學　身　第　乃
忽　可　急　尤　之　六　明
之　其　讀　為　本　章　善
也

dium multum facere ut maximum-adhi-
beant-laborem his difficultatibus. Le-
gunt, qui, non æstiment id prope-
aditu, [aditu-facile] et parvipendant
illud quidem.

...... quintum capitulum, scilicet
[exponit] clarissimæ virtutis ° offi-
cium; ordinate sextum capitulum, scilicet [exponit] perficiendæ personæ °
fundamentum; inest incipientibus stu-

« les actes de gouvernement, ainsi qu'au choix des hommes que l'on emploie,
« qui, par leur bonne ou mauvaise administration, conservent ou perdent
« l'Empire. Il faut que dans ce qu'ils aiment et dans ce qu'ils haïssent ils se
« conforment toujours au sentiment du peuple. »

Il paroît, remarque le Rév. Collie, que la maxime: *vox populi, vox Dei*,
n'est pas d'hier, mais qu'elle a été professée par les écrivains politiques de cette
nation, dont le gouvernement a été regardé comme un modèle de despotisme.
Un principe constamment professé par *Meng-tseu* et d'autres philosophes chinois,
c'est que, « toutes les fois qu'un prince régnant perd l'affection de la grande
« majorité du peuple, en agissant contrairement à ce que le peuple regarde
« comme le bien général, ce prince étoit rejeté ou désavoué par le Ciel, et
« devoit être détrôné par celui qui, au moyen d'un vertueux et bienveillant
« accomplissement de ses devoirs, a gagné le cœur de la nation. »

général de l'ouvrage et en montrent le but. Les six autres chapitres exposent plus en détail les diverses branches du sujet de l'ouvrage. Le cinquième chapitre enseigne le devoir d'être vertueux et éclairé. Le sixième chapitre pose la base fondamentale du perfectionnement de soi-même. Ceux qui commencent l'étude de ce livre doivent faire tous leurs efforts pour surmonter les difficultés que ce chapitre présente à sa parfaite intelligence; ceux qui le lisent ne doivent pas le regarder comme très-facile à comprendre et en faire peu de cas.

FIN DE LA

GRANDE ÉTUDE.

NOTE.

La plus grande difficulté qui se présente dans la traduction des écrits philosophiques, surtout de l'antiquité orientale, si éloignée de nous par le temps et par l'espace, c'est d'établir une synonymie exacte des termes métaphysiques déjà si difficiles à préciser dans sa propre langue et ses propres ouvrages. Lorsqu'on n'apporte pas au travail de la traduction une attention scrupuleuse et continue, on court grand risque de prêter à ces anciens philosophes qui vivoient dans un autre ordre d'idées que nous, des opinions tout à fait opposées aux leurs, ou qu'ils n'avoient peut-être pas même soupçonnées, surtout lorsqu'il s'agit d'exprimer des conceptions d'êtres immatériels, des facultés de l'intelligence ou des opérations de l'entendement.

La première phrase du *Tá hio* présente une des difficultés de ce genre; elle consiste à déterminer la valeur philosophique du caractère 德 *te*, qui signifie ordinairement *acte méritoire, vertu*. Ici tous les Commentateurs chinois lui donnent un autre sens. Les plus anciens de ces Commentateurs dont le travail soit venu en grande partie jusqu'à nous, sont 鄭氏 Tching-chi, qui vivoit sous les 漢 Han, dans le second siècle avant notre ère, et 孔穎達 Khoung-yng-ta, descendant de Khoung-tseu, qui vivoit sous les 唐 Thang, au commencement du septième siècle de notre ère, et dont les *Gloses* ainsi que les *Commentaires* sont réunis dans le *Recueil des King*, intitulé 十三經 *Chi-san-king*, les *treize King*, qui furent publiés pour la première fois sous le règne de l'empereur 高崇 Kao-tsoung, de la dynastie des Thang, quoique préparés sous le règne précédent. La *Glose* ou le petit Commentaire, intitulé 註 *tchou*, de Tching, définit ainsi l'expression 明明德 *ming ming te*, du Texte (page 18): *c'est-à-dire qui consiste à rendre à sa clarté primitive sa vertu la plus éminente:* 謂在明其至德. Le *Commentaire* de Khoung-yng-ta, intitulé 疏 *sou*, dit: « L'expression *consiste à rendre à sa clarté primitive* « *le principe lumineux de la raison*, signifie que la voie de la grande Étude « *consiste à éclairer, à rendre à sa clarté primitive la vertu ou la faculté brillante, lumineuse que nous avons en nous*; c'est-à-dire que notre corps ou « notre personne a une *vertu*, une *faculté brillante, lumineuse*, et que, par « cela même, il faut d'autant plus la rendre manifeste à tous les regards:

章　德　身　之　之　章　道　大　德　在
顯　而　有　德　光　明　在　學　者　明
之　更　明　謂　明　巳　於　之　言　明

Jusqu'ici le sens de l'expression 明 德 *ming-te* reste encore assez vague pour nous, et il ne seroit peut-être pas encore permis d'en conclure que KHOUNG-TSEU et ses Commentateurs reconnoissoient dans l'homme un principe immatériel indépendant du corps. La définition de TCHOU-HI plus développée, et par cela même plus précise, dit « que l'expression 明 德 « *ming-te* désigne ce que les hommes obtiennent du ciel, et qui, étant imma-« tériel, intelligent, et non dénué de raison, constitue le principe rationnel de « tous les hommes, et fait sentir son influence sur toutes les actions de la vie:

事 而 具 不 而 得 人 明
者 應 眾 昧 虛 乎 之 德
也 萬 理 以 靈 天 所 者

Tous les Commentateurs chinois qui sont venus après TCHOU-HI ont adopté sa définition, en modifiant à peine ses expressions, lorsqu'il leur arrive de les modifier. Le Commentaire impérial ne fait que développer sa définition.

Il résulte de ce qui précède deux faits philosophiques importants; le premier (qu'une critique sévère ne peut admettre cependant sur la seule assertion d'un commentateur qui vivoit plus de quinze cents ans après son auteur) c'est que le philosophe le plus célèbre de la Chine reconnoissoit, admettoit, enseignoit l'existence d'un *principe immatériel* dans l'homme; et le second, que les plus savants Lettrés chinois de l'école de KHOUNG-TSEU l'ont également reconnu, admis et enseigné depuis TCHOU-HI.

Maintenant, toutes les probabilités morales et historiques autorisent à penser que TCHOU-HI a dû interpréter fidèlement l'expression employée par l'ancien philosophe chinois pour désigner le principe intelligent dans l'homme, qui doit être de sa part l'objet d'une culture continuelle. Car, outre les moyens que nous possédons nous-mêmes pour parvenir à reconnoître exactement le sens de cette expression, il avoit de plus la tradition non interrompue de l'école et des documents philosophiques qui ont pu se perdre depuis, au moins pour nous.

Ces moyens que nous possédons pour arriver par nous-mêmes à la véritable signification des deux caractères en question, à part l'opinion des Commentateurs chinois, sont l'analyse de leurs éléments constitutifs et les définitions des plus anciens Dictionnaires chinois. L'analyse des caractères 明 德 *ming-te* donne les résultats suivants:

Le premier est composé des images du *soleil* et de la *lune*, dont la réunion donne l'idée de *lumière*, *lumineux*, et, quand ce caractère joue le rôle de verbe: *éclairer, rendre à sa clarté primitive*; dans l'écriture chinoise antique il est ainsi formé: ☉)). Le second caractère est composé du radical idéographique 彳 *tchi*, qui signifie *pas en avant, marche*, et du groupe additionnel 悳 *te*, dans lequel on retrouve l'élément ou le radical employé pour désigner le principe de toutes les affections de l'homme: 心 *sin*. On pourroit à la rigueur déduire de tous ces éléments de connoissance que le caractère symbolique chinois que nous analysons signifie *le principe des affections qui donne le mouvement au corps*. Mais le 說 文 *choüe-wen*, le plus ancien des dictionnaires chinois en notre possession, et dont l'auteur vivoit dans le premier siècle de notre ère, définit le caractère 德 *te* par 升 *ching*, qui signifie *s'élever, monter en haut, ascendere*; signification qu'il avoit donc à l'époque de Hiu-chin. Cependant on le trouve employé dans les anciens livres sacrés des Chinois, le *Y-King*, le *Chou-King*, le *Chi-King*, etc., avec le sens de *vertu, actions vertueuses et méritoires*. Probablement ce sens n'est déjà plus dans ces anciens livres le sens primitif de *monter, s'élever en haut*; mais si ce dernier sens est le sens primitif et simple, comme tout porte à le croire, l'étymologie du caractère chinois qui désigne la *vertu*, les *actions méritoires*, seroit admirable : ce seroient les actes de l'homme *qui monteroient en haut!*

En se référant à ce sens primitif, pour avoir une idée exacte des acceptions dérivées, méthode presque toujours sûre et qui jette souvent de grandes lumières sur des questions obscures, les deux caractères 明 德 *ming-te*, signifieroient donc, dans le premier paragraphe du *Tá hio : quelque chose qui monte en haut et qui est lumineux comme la lumière du soleil et de la lune*, définition qui caractériseroit très-bien ce *principe incorporel* que Tchôu-ni dit avoir été conféré à l'homme par le Ciel (dans la région duquel se trouvent le Soleil et la Lune) pour le *diriger dans ses actions*. Ce principe, émanation de la lumière céleste, tendroit sans cesse à remonter à sa source. Il formeroit dans l'homme un élément d'une nature supérieure à sa nature corporelle ; par conséquent, il est de son devoir de marcher à sa lumière, et de ne pas le laisser obscurcir par les passions.

Les termes par lesquels nous avons rendu les deux caractères chinois, nous ont paru, après bien des tentatives plus ou moins heureuses [n'ayant pas cru pouvoir employer notre mot *âme*], rendre exactement la pensée de l'ancien philosophe chinois. Notre langue offre même une curieuse analogie avec l'expression chinoise, car on dit souvent dans les écrits moraux : *les lumières de la raison ; sa raison est obscurcie par les passions.*

Nous ferons encore une observation importante sur ce premier paragraphe du *Tá-hio* ; tous les Commentateurs chinois depuis Tchôu-ni, qui lui-même ne fait que s'en référer à l'autorité de 程 子 Tching-tseu, ont admis la lecture de 新 *sin*, renouveler, pour 親 *thsin*, aimer, chérir avec une *affection de parents*, ce qui donne au second devoir ou à la seconde condition de la *Grande Étude*, un sens complètement différent. L'édition des *treize King*, qui parut pour la première fois dans le septième siècle de notre ère, conserve l'ancienne lecture. Khoung-yn-ta dit dans son Commentaire : «L'ex-«pression 在 親 民 *tsai thsin min* [que les Commentateurs chinois, «depuis Tching-tseu, disent signifier *consiste à* renouveler *les hommes*], «veut dire que le second devoir de la Grande Étude consiste à *aimer, à chérir* « *les peuples comme ses parents*: 在 親 民 者 言 大 學 之 道 在 於 親 愛 於 民 是 其 二 也.

[*Chin-san-king, kiouan* 60, *folio* 4, *recto.*] Cette interprétation est claire, précise et ne permet aucun doute.

FIN.

LES ANCIENS
PHILOSOPHES CHINOIS,

TRADUITS ET PUBLIÉS
EN CHINOIS, EN LATIN ET EN FRANÇOIS, AVEC PLUSIEURS COMMENTAIRES,
PAR M. G. PAUTHIER.

Parties publiées :

1° Le 大 學 *ta hio* ou la *Grande Étude*, le premier des *Quatre Livres* de philosophie morale et politique de la Chine, ouvrage de Khoung-tseu [Confucius] et de son disciple Thseng-tseu; en *chinois*, en *latin* et en *françois*, avec le commentaire complet de Tchoû-hi, etc.

L'Exemplaire en papier vélin grand raisin........	15 fr.
id. en papier jésus vélin.............	25 »
id. en papier de Chine...........	50 »
Un Exemplaire imprimé sur *Peau* ou *Vélin*........	200 »

Nous devons avertir ici que nous avons tenu bien au delà des engagements pris dans notre Prospectus. Les *OEuvres de Philosophie morale et politique de* Confucius devoient être imprimées avec les caractères chinois, gravés sur bois, de l'imprimerie royale, dans le style cursif des ouvrages légers et de second ordre, accompagnées seulement d'une traduction françoise et de notes tirées de divers Commentateurs; l'édition dont nous publions aujourd'hui le premier livre, est imprimée avec des caractères chinois gravés exprès sur poinçons d'acier par M. Marcellin-Legrand, d'après les plus beaux modèles chinois; elle contient de plus une version latine littérale, destinée à faciliter l'intelligence du texte, et la traduction complète du commentaire de Tchoû-hi, reproduit presque entièrement en chinois. Aussi avons-nous été forcé de changer les conditions de l'ancienne souscription qui ne sont point obligatoires.

2° Le 道 德 經 *Tao-te-king* ou le *Livre de la Raison suprême et de la Vertu* par Lao-tseu, traduit en françois et publié pour la première fois en Europe, avec une version latine et le texte chinois en regard; accompagné du commentaire complet de Sie-hoeï, d'origine occidentale etc.

1re LIVRAISON :

L'Exemplaire en papier vélin grand raisin........	10 fr.
id. en papier jésus vélin............	20 »
id. en papier de Chine.............	40 »
Un Exemplaire imprimé sur *Peau* ou *Vélin*.......	100 »

Nota. La seconde Livraison du *Tao-te-king* est sous presse.

Le 中 庸 *tchoûng young* ou l'*invariabilité dans le milieu* est prêt pour l'impression dans la même forme que la *Grande Étude* ainsi que le 論 語 *lùn-yù* ou les *Discours moraux*.

9 782011 851147